Стезей Вселенского глагола
Гласит Божественная Мысль:
Земля — космическая школа,
Где наш экзаменатор – Жизнь.

*Портрет Александра Вольного*

*Александр Вольный*

# НОЧЬ ПОСЛЕДНЕГО ИСКУШЕНИЯ

*Поэма*

Художественное издание

## Александр Вольный

## НОЧЬ ПОСЛЕДНЕГО ИСКУШЕНИЯ

*Поэма*

Редактор и корректор Оксана Козаченко

Дизайнер Игорь Женченко

© Александр Вольный 2025

© Svarog Books 2025

www.svarog.nl

ISBN: 978-1-80484-207-2

Эта книга защищена авторским правом. Никакая часть этой публикации не может быть воспроизведена, сохранена в поисковой системе или передана в любой форме или любыми средствами без предварительного письменного разрешения издателя, а также не может распространяться в любой форме переплета или обложки, кроме той, в которой она опубликована, без наложения аналогичного условия, включая данное условие, на последующего покупателя.

*Вселенская душевная благодарность
моей маме — Тамаре Павловне Матвеевой за лучезарный
свет ее идей, разделение всех моих мировоззренческих
взглядов, титанический труд в создании письменного
и печатного варианта книги, многолетнюю кропотливую
помощь и поддержку, священную любовь, неустанную заботу
и веру в мое творчество.*

*Светлая память моему дорогому Ангелу-Хранителю,
бабушке — Вере Дмитриевне Матвеевой за ее душевную
доброту, ласку, нежность и неустанную заботу.*

*Выражаю безмерную душевную благодарность
моим дорогим друзьям: Ларисе Кадочниковой,
Сергею Нечипоренко, Владимиру Кисляку,
Оксане Козаченко, Николаю и Виктории Егоровым,
Александру Никулину, Василию Кушерцу,
Сергею Загороднему, Игорю Шпаку, Валерии Питениной,
Валентину Багнюку, Владимиру Коляде,
Александру Гамалею, Владимиру Арутину,
Владимиру Милькову, Игорю Горяному, Олегу Волкову,
Степану Болотенюку, Валентине Плавун,
Рустему Жангоже, Галине Лавриненко,
Владимиру Жовниру, Александру Бокию,
Сергею Авраменко, Владимиру Карбачу,
Светлане Спорыш, Валерии и Николаю Романченко,
Виктору и Елене Юрченко за благородство,
проявленное в настоящей искренней дружбе,
многолетнюю поддержку, веру в мое дело,
истинное понимание и неустанное содействие
в продвижении моего творчества в жизнь.*

Благословеньем откровений
Пусть торжествуют в эту ночь
Свет Истины — стезёй сравнений
И Мудрость — Постиженья дочь.

*В недавнем прошлом человек безмерной порочности стал на путь праведности. Дьяволу хочется вновь поработить его душу, и он решается на повторное искушение.*

### *У врат ада сидит мрачный Дьявол*

#### *Дьявол:*

Прошло уже четыре года
С тех пор, как волею небес
Сын человеческого рода
Пошел порочности вразрез.
Живет он правдою святою,
Изволив грешность позабыть,
Но попытаюсь сутью злою
Его вторично искусить.
Возможно, я сейчас сумею
Его от Бога отвести,
Явив подложную идею
Про мирозданные пути.
Ушел он в веру непомерно,
Внемля прозренью своему.
Уж полночь бьет, пора, наверно,
Идти мне в келию к нему.

**Келия Праведника**

*Праведник*
*(про себя):*

Лишь ночь
     магически открыла
Свою космическую даль,
Как демоническая сила
Нагнала мрачную печаль.
Потусторонние виденья
Везде загадочно снуют,
С неистовостью наважденья
Сплетая вязь коварных пут.
Буяют низменные страсти
Неугомонностью своей,
Являя сумасбродство власти
Всепроникающих идей.

*(вслух):*

Зачем ты, сатана, жестоко
Злоумышляешь в час ночной?

*Дьявол:*

Затем, чтобы дитя порока
Вернулось к сущности земной!
К чему покинул обольщенье
Миров, где царствовал уют,
И с целью перевоплощенья
Обрел монашеский приют?
Всевластьем дерзкого участья
Ты был на злобу обречен,
Творя несокрушимость счастья
Порабощающим мечом.
Но как сумел переиначить
Ты свой воинствующий слог?

*Праведник:*
Господней верой!

*Дьявол:*
Это значит,
Что близок жизненный итог!
Ты принял свет звезды, манящей
Проникновенностью мечты,
Чтобы в убогом настоящем
Погрязнуть в узах нищеты?
Хоть благонравственные грезы
Преобразили твой устой,
Одумайся, пока не поздно,
Переиначить выбор свой.
Создав теорию святую,
Возненавидел этот свет?
Но чтоб осмыслить жизнь земную,
Открою я один секрет!
На изначалье Мирозданья
Являя пагубный успех,
В строптивости непослушанья
Родился сумасбродный грех.
Порок коварным оказался,
Вручая низменный подлог,
Чтоб этот мир образовался
Совсем не так,
          как думал Бог.
Чета Эдема на планете,
Возжаждав мудростью владеть,
Сменила светлое бессмертье
На ужасающую смерть.
Когда изгнанники из Рая
Ушли греховной стороной,

Их души, свет осознавая,
Сроднились с мерою земной,
И в них проникла любострастно
Дилемма жизненной игры,
Чтобы интригами всевластно
Творить порочные миры.
Грехотворящая расплата
Внушила пагубность уму,
Чтоб Каин уничтожил брата
Из тайной зависти к нему.
Жизнь многопланово менялась
И изощрялась, как могла,
Чтоб Правда навсегда осталась
Наложницей в темницах Зла.
Духовность люди убивали,
Проторив нерадивый путь,
Забыв Господние морали,
Вершащие земную суть.
Они, растлив грехом сознанье,
Создали полоумный скоп,
Беснуясь злобой в Мирозданьи,
За что им Бог наслал потоп.
Увидев ненависть народа
Своей натурою святой,
Разбушевавшейся природой
Он уничтожил мир земной.
Но созидательной стезею
Являя нравственный подход,
Вновь праведным семейством Ноя
Продолжил человечий род.
Тут бесконечные изъяны
Создали череду помех,
Чтобы Ной проклял Ханаана

За совершенный Хамом грех.
Порок всецело проявляет
Повадки злобного лица,
Но Жизнь коварно поступает,
Где сын — ответчик за отца.
Грех венценосно зародился
Из обновленной чистоты,
Когда Хам нагло поглумился
Над ликом отчей наготы.
Неблаговидные стремленья,
Наполнив жизненный эфир,
Сподвигли снова поколенья
Вершить многоформатный мир.
Идя дорогою разврата
Души на пагубное дно,
Народы взяли силу злата,
Услады жизни и вино.
Отвергнув светлые морали,
Продолжив грехотворный сказ,
Они кощунственно попрали
Господний ревностный наказ.
Системою вселенских правил,
Высокомерьем мудрых сфер
Ваяли башню, но поставил
Бог лингвистический барьер.
Как ни противилось сознанье
Всесозидающих людей,
Тенденцией непониманья
Закончилась гряда идей.
Чтобы не дать вершить позору
Развратной грехотворной мглой,
Содом повергнул и Гоморру
Горящей серой и смолой.

Среди житейского бедлама
Творя священный оборот,
Господь находит Авраама,
Чтоб тот зачал еврейский род,
Чтобы среди греховной массы
Царило веры торжество
В создании духовной расы,
Преобразившей Естество.
Осуществляя соразмерность
Потенциала Своего,
Поставил жесткий
               тест на верность
Сыновней жертвою его.
Затем, благословенье сея,
В надежде видеть новый свет
Бог вдохновляет Моисея
Блуждать в пустыне сорок лет.
Он вел народ в походном стане,
Но ропот был среди людей,
Что на одной небесной манне
Не строится каскад идей.
Забыв Господние морали,
Стезей порочного лица
Они кощунственно создали
Златого идола-тельца.
Брела вперед толпа большая
С величием святых манер,
Не зная, что Бог совершает
Космологический маневр.
Ведь Он Вселенским повеленьем
Водил их верой на челе,
Чтобы духовным поколеньем
Они явились на Земле.

И с посвященностью желанной,
От обреченности большой
Привел к земле обетованной
Благословенною душой.
Но времени прошло так мало,
И изощренностью своей
Инакомыслье растлевало
Сознанье в сумасбродстве дней.
Греховная разнообразность
Им стала слишком дорога,
Хоть ублажающая праздность
Коварней страшного врага.
Как только счастье улыбнулось
Безоблачностью Бытия,
Тут вмиг порочность обернулась
Усладной алчностью житья.
…С намерением исправленья
Своей Вселенскою Душой
Дал вавилонское плененье
Им от греховности лихой.
Но лишь Господними руками
С благочестивостью идей
Не упразднить то, что веками
Взрастало в душах у людей.
Пока народ на свете жив,
В нем злоба не искоренится,
Ведь обусловленностью лжи
Она в сердцах смогла прижиться.
Посредством разума и духа,
Плеядами вселенских лет
Великогрешная разруха
Заполнила контрастный свет.
Напомню я, как в Иудее,

Отверзнув ярые уста,
Ортодоксальные евреи
Распяли мудрого Христа.
Так однозначен был итог
Благословенного пророка,
Что не смогли мольбы и Бог
Его спасти от злого рока.
Он вдохновенно всех учил
Любви
        в житейской круговерти,
За что в итоге получил
Мучения коварной смерти.
Своим деянием лихим
Все лицемерно доказали,
Что, сколь добра ни делай им,
Они его поймут едва ли.
Их души верой горячи,
Приемля Истину святую,
Но золотой лишь грош вручи —
Вмиг продадут и мать родную!
Ведь с обольстительною страстью
Всем управляет алчный бес,
И нет вам дела до небес,
Когда лишь он — вершина счастья.
А если злобою времен
Работаешь в потоках пота,
Проси у Бога, может, Он
Тебе пожертвует хоть что-то.
Всепроникающим сознаньем
Ты должен истину понять,
Что за основы Мирозданья
Сейчас не нужно умирать.
Когда магические силы

Приносят мировую власть,
Не надобна познанья страсть
В пристанище лихой могилы.
На нескончаемых пирах
Тобой должна быть
                жизнь воспета,
Пока не стерло время в прах
Умалишенного аскета.
Ты, отлучив себя от мира
И запершись среди икон,
Живешь энергией эфира,
Являя праведный резон?
В благословении идей
С божественным потенциалом
Ты избегаешь всех людей
Высоконравственным началом.
Внемля пытливому уму
Среди Вселенского Чертога,
Тебе не выжить одному
Под покровительством у Бога.
Свою реальность изменив,
Ты постигаешь Мирозданье,
Логически преобразив
Универсальное сознанье.
При затухающих свечах
Смотря на древние иконы,
В измаянных судьбой ночах
Твердишь библейские законы.
Погрязнув в православных узах,
Не понимаешь одного,
Что отрешенностью иллюзий
Ты не достигнешь ничего.
Погибнет немощная плоть

Со всеми чувствами святыми,
И благоденственный Господь
Твое не упомянет имя.
Сегодня явно неспроста
Я изливаю откровенья,
Ведь после смерти — пустота
Неоспоримого забвенья.
Свой глупый виртуальный мир
Ты властен полностью разрушить…

*Праведник*
*(про себя):*

Довольно!
      Хватит молча слушать
Словесный вакханальный пир!

*(вслух):*

Коварный голос искушенья
Знаком неимоверно мне
Иллюзиями обольщенья
При упоительной Луне,
Когда мы ревностно мечтали
Завоевать огромный свет,
Но миражи идей пропали,
Рассеявшись в туманах лет!
Еще не зажили страданья
От демонических стихий,
А ты всесильем злодеянья
Являешь новые грехи.
Когда-то с тайною надеждой
На вседозволенность свою
Самоуверенным невеждой
Бродил я в дьявольском краю.
Духовным миром недоволен,

Я в плен попал твоих сетей,
Где стал неизлечимо болен
Всевластьем низменных страстей,
Но чередою искушений,
Которые судьба дала,
Я вник в обманчивость
                  прельщений
Интриг кощунственного зла.
Сперва я дерзко насладился
Обилием лихих стихий,
Затем отчаянно решился
Отвергнуть жуткие грехи.
Ты манишь всех
              стезей поспешной
Увидеть мрачный реализм,
Но в Мирозданьи,
                кроме грешной,
Бытует праведная жизнь.
Беснуясь злобой оголтело,
Ты разжигаешь в людях страсть,
Наобещав им так умело
Всепобеждающую власть.
Смеешься,
        что народы живы
Величьем нравственных основ,
Творя пристрастием наживы
Большое множество грехов.
Где глас безумия, зовущий
Вершить неутомимость битв,
Лишь Вера — инок неимущий
Благословением молитв.
Приобретенные богатства

Корыстолюбием идей —
Плоды стяжательного рабства
Разбесновавшихся людей.
Где Вожделение изменой
Ничтожит светлую Любовь —
Там с алтарей янтарной пеной
Стекает жертвенная кровь.
Алмаз всесильем искушений
Порочных низменных миров
Рождает ярость преступлений
У властолюбящих умов.
Но в Бытии
    есть место чуду,
И, вероятно, неспроста
Народы прокляли Иуду,
Приемля праведность Христа.
Все заблуждение мгновенно.
Наступит истинный черед,
Где Мирозданье несомненно
Благоразумье обретет!
Ты изощренными сетями
Вручаешь пагубность услад,
Ведя греховными путями
Народы в беспросветный ад.
Но в мирозданной круговерти
С коварностью твоих идей
Кощунственным финалом смерти
Итожатся стези затей.
Твои слова — лихой мучитель,
Достойный падших подлецов,
Как демонический учитель
Для негодяев и лжецов.

Божественный рассвет призывно
Являет восходящий день…

*Дьявол:*

Но в Мирозданьи неразрывно
Со Светом сопряженна Тень.
Как неотъемлемая мера
Она Созданию дана –
Напоминания химера
О том, что пагубность видна.
Где вседозволенность жестоко
Уничтожает совесть, честь…

*Праведник:*

Среди неистовых пороков
Прозрение святое есть.

*Дьявол:*

В дилемме жизненного круга
Не видно Истины лица…

*(про себя):*

Хоть осознали мы друг друга,
Но жертва не узрит ловца.

*(вслух):*

Зачем ты праведно неволишь
Плоть истощенную свою
И Бога вопрошать изволишь
О месте в сладостном Раю?
Создав иллюзии благие,
Не опрометчиво, скажи,
Менять реалии земные
На призрачные миражи?

Являя в Мирозданьи старом
Отверженный духовный вид,
Ты жизнь растрачиваешь даром
Проникновенностью молитв.
Чрезмерно верой отдалился
От страстных прихотей плотских
И отрешенно углубился
В познание азов святых.
Всевластие не принимаешь
Величьем нравственных основ,
Но чем сильнее в мир вникаешь,
Тем больше узнаешь грехов.
Отрезок жизненного срока
Ты должен дерзостно прожечь,
Ведь невозможно от порока
Любую душу уберечь.

*Праведник:*

Миры кощунственных идей
Сознанью изменить подвластно.

*Дьявол:*

Мне помнится, как Прометей
Не удержался от соблазна,
Чтобы великою душой
Вручить огонь пытливым людям.

*Праведник:*

За это карою лихой
Титана боги вечно судят.
Твое стремление — упорно
Гипнотизировать меня?

*Дьявол:*
Всегда кончается, бесспорно,
Горенье вещего огня,
А дальше — ночь
            объятьем черным.
Она — владычица миров,
Основа Вечного Истока,
Хозяйка многоликих снов,
Подруга злобного порока.
Она — греховная обитель
Коварности преступных дел,
Великолепный искуситель
Всех раболепствующих тел.
Она — хранительница тайн
Неисчерпаемой Вселенной,
Всепоглощающий титан
Иллюзии проникновенной.

*Праведник:*
Не зря универсальный фон
Природа Светом озарила.

*Дьявол:*
Переформация времен
Погасит яркие светила.

*Праведник:*
Но коль звезды давно уж нет,
То сонм лучей еще струится,
И этот вдохновенный свет
Влюбленным озаряет лица.

*Дьявол:*

Так это опаданье лишь
Соцветия увядшей розы,
И, в сущности, не различишь,
Где мира явь, а где — все грезы.
Величьем истинного сана
Сполна проявится лицо
Преображения обмана
Далеких звездных хитрецов.
Ведь во Вселенской круговерти,
Открывшейся твоим очам,
От изощряющейся смерти
Вовек не убежать лучам.
Энергетический предел
Трансформирует Мирозданье,
Ведь скорость разрушенья тел
Стремительнее созиданья.
Апокалипсис все равно
Вселенную уничтожает.

*Праведник:*

Меняясь полностью, одно
Иное что-то созидает.
Универсальною дугой
Идет вселенское движенье:
Одна энергия в другой
Творит свое преображенье.

*Дьявол:*

*У динамических систем
Божественного Мирозданья
Возникло множество проблем
Вселенского образованья.*

*Бог задался священной целью:
Творя земные рубежи,
Связать логическою цепью
Сформировавшуюся Жизнь.
Он создал по духовной схеме
Метафизический эфир,
Чтоб в галактической системе
Вращались микро-, макромир,
И, сгенерировав Природу,
Задал ей интегральный ритм,
Чтобы универсальный модуль
Являл Вселенский Алгоритм.
Но если взять контрастный лад
Энергетических сегментов,
То рушится структурный ряд
Без одного из компонентов.
Нелепа выживать попытка
Биологических существ
От недостатка иль избытка
Процессов или же веществ.
Здесь не бывает исключений
Для гармонических миров
Системою ограничений
Метафизических основ.
Планета ритм развития
Творит, энергокод слагая,
Биосистему Бытия
Космологически спрягая.
Она рождает единицы
С многообразием идей,
Открыв духовные границы
Для благомыслящих людей.
Являя истинные ноты,*

*Творит Вселенский резонанс,
Освоив вечные частоты,
Несущие космобаланс.
В энергоинформационной схеме,
Где Разум жизненно весом,
Универсальною системой
Идет развитье хромосом.
Мутационных изменений
Не избежать Земле никак.
Все ждут,
   что народится гений,
А появляется дурак.
Запрограммировав движенье
Энергетических веществ,
Земля слагает продолженье
Родов генетикой существ.
И пусть бытует ряд стечений,
Творящих жизненный альянс,
Но деструктивных излучений
Не избежит геобаланс.
Ведь смертоносного посланца
Пускает Солнце иногда,
И вы ничтожитесь тогда
Пожарищем протуберанца.
Мегавселенский катаклизм
Реликтового Мирозданья
Преображает механизм
Космического созиданья.
С намерением постижений
Вы ищете духовный прок,
Но бесконечность достижений
Уничтожает ярый рок.*

Вам незначительный дан срок
Для жизнедейственных свершений,
Ведь сокрушительный поток
Являет силу разрушений.
Вы в поглощающем огне
Сгорите прахом поневоле,
И будет Бог вновь в стороне
От вашей пагубной юдоли.

*Праведник:*

Нам предназначено смотреть
На эту жизнь с благоговеньем,
Ведь Бог вовек не даст сгореть
Универсальному творенью.
Космические перспективы
Земля уверенно вершит,
Высоконравственным мотивом
Наполнив праведную жизнь.
Благословением начал
Являясь в истинных деяньях,
Творец предначертал Финал
В библейских предзнаменованьях.
Произойдет так, несомненно,
Что мир утратит вещий смысл,
Когда глубинами Вселенной
Уйдет божественная мысль.

*Дьявол:*

Века логически творят
Все, что душе необходимо,
Но только не объединят
То, что уж несоединимо.

*Праведник:*
Все Мироздание подвластно
Благотворению Его…

*Дьявол:*
Бывает, что небезопасно
Преобразится Естество.
Потенциальное свершенье
В дисгармонических мирах
Осуществляет разрушенье
Цивилизации во прах.
Посредством пагубных изъянов
Не избегает этот свет
Землетрясений и вулканов
Да сокрушительных комет.
Катастрофические силы
Ничтожат множество людей,
Низвергнув в жуткие могилы
Многообразие идей.
Историки немало знали
Переформаций на Земле,
Когда державы исчезали
В огне и пепельной золе.
Ведь катаклизмы разрушают
Высокоразвитую суть…

*Праведник:*
Но постепенно возрождает
Планета Мирозданный путь.
Животворящим созиданьем
Является Вселенский свет,
Чтобы Божественным сознаньем
Земля вершила много лет.

Она, давая мощный импульс,
Питает мысленный поток,
Преобразуя фотосинтез
В энергетический исток.
Благословениями смысла
В структуризациях веков
Она рождает завязь жизни
Из органических основ.
Поверх космического праха
Возникнут снова города…

  *Дьявол:*
*Земля критериями страха*
*Жила в Галактике всегда.*
*Все, что воссоздано вторично*
*Из органических основ,*
*Преображается логично*
*Алгоритмичностью миров.*
*Ведь если взять энергосхему*
*Метафизической межи,*
*То интегральную системой*
*Является земная жизнь.*
*Стезей вселенского вращенья*
*На траекториях орбит*
*Методикой перемещенья*
*Менялся планетарный быт.*
*Погибли многие созданья*
*В катастрофический момент*
*В круговороте Мирозданья,*
*Где Бог ведет эксперимент.*
*Системою причин и следствий,*
*Десятки миллионов лет,*

*Земля — театр*
      *вселенских действий*
*В бескрайней суете сует.*
Ты убедительно пока
Возжаждал верой загореться?
Огонь красив издалека,
Но близко можно и обжечься.
Манит проникновенно он
В разгоряченные объятья,
Где ты фатальностью времен
Сгоришь, пролепетав проклятья.
Ты созидаешь свет идей
Благословенною душою,
Чтобы натурою своей
Прослыть непризнанным изгоем?

### *Праведник:*

Твердит Вселенская наука,
Являя нравственную грань:
Горенье — тягостная мука,
Но свет его — блаженства дань!

### *Дьявол:*

Божественное естество
В своих пределах обитает,
И Небо не простит того,
Кто слишком высоко летает.

### *Праведник:*

Вселенским устремленьем духа
Душевный уникальный сказ
Преображает орган слуха
И расширяет спектр глаз.
Ты вероломством не спеши

Воспламеняться озверело.
Земля, поистине, для тела,
Но Небо — для святой души!
Господь в одно соединил
Два гармонических творенья.

*Дьявол:*

И человека наградил
Изрядной силой тяготенья.
Твоя душа жила мечтой —
Покинуть мракобесье мира,
Но неподъемен образ твой
В универсальности эфира.
Распределенна атмосфера,
На каждый метр — по восемь тонн.
Не вознесет тебя и вера,
Что доказал Исаак Ньютон.
Ортодоксальные решенья
Преобразились на Земле,
Но лишь духовные стремленья
Бытуют в беспросветной мгле.
А может, Богу вовсе ты
Высоконравственный не нужен,
Ведь птицы миром высоты
Перелетают в край им чуждый
И, отбывая зиму там,
Неутомимою душою
К своим насиженным местам
Летят счастливою весною.
Покинув берега иные,
В ошеломляющей дали
Они спешат в края родные,
Отвергнув лик чужой земли.

*Праведник:*

Мы здесь неповторимый миг
Живем миротворящим смыслом,
Чтоб созиданьем дел благих
Готовиться к вселенской жизни.
Ведь птицы —
          веры голоса,
Неутомимые скитальцы,
Что оглашают небеса,
Где наши души — постояльцы.
Мы снисходительно глядим,
Как сумасбродные невежды,
Закончив с житием земным,
Снимают плотские одежды.
Они за пагубный Содом
Падут пред тем, кого хулили,
Чтобы воздалось им Судом
За демонические были.

*Дьявол:*

Изыскан слог твой,
          мысль остра,
Но не спеши с ответом рьяно,
Припомнив, как в пылу костра
Сгорел прославленный Джордано.
Он шел за Правду, как изгой,
В объятия шального пекла,
Но ведь осталась от него
Нелепая пригоршня пепла!
Вот так и ты когда-нибудь,
Обожествляя Мирозданье,
Закончишь нерадивый путь
На паперти у Созиданья.

Кощунства злобная рука
Тебя неистово осудит…

*Праведник:*
Идея, пережив века,
Бессмертием теплиться будет.

*Дьявол:*
Но разум горестно молчит
Среди греховного всесилья,
Где он уже не отличит
Добро от Зла, рога от крыльев.
В житейском хитром лабиринте,
Бессилием святых манер,
Ты возмечтал о быстром спринте,
Неосмотрительный Гомер.
Везде порочная среда,
Ведь и у церкви грязны руки,
Коль паствы истины всегда
Возносятся вразрез науке.
Наполнившись коварной ложью
Теологических основ,
Священники прогресс ничтожат
Догматами библейских слов.
Тщеславной «праведною новью»
Благоговение явив,
Они твердят с «большой любовью»
О святости духовных нив.
Внемля греховному подлогу,
Изобличаются вполне,
Служа на проповедях Богу,
А подчиняясь — лично мне!
И в мирозданной круговерти,

Отождествив житейский мрак,
Плетут логические сети,
Куда идет народ-простак.
Неукоснительностью истин
О добродетели, любви,
Любой твердит,
          что с Богом искренен,
Хоть весь испачкан он в крови.
Всесильем «праведного» сана
Являя нравственный позор,
Скрывает сущность Ватикана
Собрание духовных свор.
И будет высказать уместно —
Не им всевластие иметь,
Ведь в Мирозданьи
          на двух креслах
Не всякий сможет усидеть.
Дуальность созидает мир
Тенденцией преображенья,
Где Рим, как истинный кумир,
Страдал в эпоху Возрожденья.

*Праведник:*

Давно в историю ушло
Негодованье инквизиций,
А ты все извергаешь зло,
Меняя пагубные лица.
Пришел натурою убогой
Творить обилие грехов…

*Дьявол:*

Бессмысленно, другой дорогой
Мои дела не шли от слов.

Контрастами альтернатив
Является стезя развязки…

*Праведник:*

Высоконравственный мотив
Меняет жизненные краски.
Ты поразительно умело
Сулишь земное превосходство…

*Дьявол:*

Моя теория всецело
С реальностью имеет сходство.
Творя неутомимый путь
Космического вдохновенья,
Познай логическую суть
Универсального творенья.
Осмысли мудростью веков
Божественную роспись храма.

*Праведник:*

Вблизи — фундаменты основ,
А с расстоянья — панорама.

*Дьявол:*

Художники хотят являть
Божественное Мирозданье
Способностью изображать
Универсальное созданье.
Они рисуют сонм видений
На многоплановых холстах
С разнообразием суждений
В свободомолвящих устах.
Боишься «Страшного Суда»,
Написанного Буонарроти?

А я сгорел бы от стыда,
Глядя на этот свод пародий!
Он, возжелав душой творить,
Вращался в круговерти мыслей,
Чтоб убедительно явить
Фундамент истинного смысла.

*Праведник:*

Но гениальной компоновкой
Космологических основ
Он обусловил расстановку
Метафизических миров,
Чтобы земные поколенья,
Поняв Божественную Мысль,
Взирая на его творенье,
Постигли мирозданный смысл.

*Дьявол:*

Вторя премудрые тирады,
Которыми твой ум ведом,
Ты не добьешься в мире правды,
Живя сизифовым трудом.
Духовные проникновенья
Высоконравственных идей
Приходят к точкам преткновенья
Грехопадения людей.
Хитрейшие все подытожат
Корыстолюбием лихим
И ясный интеллект сничтожат
Преображением шальным.
На непробившихся талантах,
Неосмотрительных умах
Произрастает лик гигантов,

Вершащих в пагубных мирах.
Ты — словно зодчий
           в глинной пыли,
Который Храм святой ваял,
За что его и ослепили,
Чтоб он подобье не создал!

*Праведник:*

Весь смысл Господнего стремленья —
Являть бесчисленность существ —
Заложен в Истине Творенья
Порядком жизненных веществ,
Ведь формы, что преображают
Великолепие основ,
Духовно олицетворяют
Богообразие миров.
И те, кто мыслью созидают
Многообразие идей,
Неоспоримо составляют
Цивилизацию людей!

*Дьявол:*

Но почему за этот лепет
Он их от мира отлучил
И в пагубном цементном склепе
Необратимо заточил?
Везде греховная рутина
Среди бушующего зла,

*(про себя):*

Но нравственная сердцевина —
Как вязь Гордиева узла.

*(вслух):*

Живешь немыслимо покорно,
Реальность светлую губя,
Прозревшим разумом бесспорно
Прогнав пороки от себя!

*Праведник:*

Вверяясь праведному делу,
Живу душою для других...

*Дьявол:*

Всегда, из выводов людских,
Своя нужда дороже телу!
Зачем чрезмерно утруждаться
Благодеяния творить,
Когда живешь, чтоб пресыщаться,
А не вкушаешь, чтобы жить?

*Праведник:*

Мне хочется скорей отсюда
Уйти душой на Райский брег...

*Дьявол:*

Но время в ожиданьи чуда
Приостанавливает бег.
Зачем тебе сейчас, скажи,
Внемля космическому виду,
Творить среди коварной лжи
Божественную Атлантиду?
Живя духовною стезею
В плеядах отрешенных лет,
Желаешь обрести душою
Прозрения вселенский свет?
Но у тебя плачевный вид

Пустынника и каллиграфа,
Ты не такой, как царь Давид,
Убивший смело Голиафа!
На утлом мысленном ковчеге,
Который верой сколотил,
Тебе мечтать бы не о бреге,
А о расчете слабых сил.
К благословенным небесам
Летишь сознанием открыто,
Но ищешь ведь совсем не там,
Где вечно Истина сокрыта!
Когда истерзанная плоть
От безысходности завоет,
Тебя не выручит Господь
И злобная пучина скроет,
А мир неоспоримо просто
Укажет жизненный резон,
Тебя швырнув на дикий остров,
Где находился Робинзон.
Один, затравленный и голый,
Ты обживешь печальный плес,
Произнося молитв глаголы,
Взывая к доброте небес.
В самоотверженном лишеньи
Влача измаянные дни,
Ты станешь жертвоприношеньем,
Иову кроткому сродни.

*Праведник:*
Но Человеку ведь недаром
Давалось все своим трудом,
Проникновенным
        Божьим даром

Он возводил идейный дом.
Являя нравственные своды,
Фундамент Веры воздвигал,
Ведь подарил Господь Природой
Логический потенциал.
Сполна преодолев ненастья,
Молясь блаженным небесам,
Сооружал всесильем счастья
Сознания Вселенский Храм.
Безумья ураганы дули,
Стремясь творенье сокрушить…
Тела разрушили, согнули,
Но не убили свет Души!

*Дьявол:*
Многообразьем светлых грез
Являешь жизненный сценарий,
Когда планета — мудрый мозг
Из макросферных полушарий.
Энергетический объем
Хранится в недрах сокровенно,
Скрывая в принципе своем
Всю информацию Вселенной.
Тебя обидела Природа
Отверженностью злобных лет,
Равно как дерево без плода
Отождествляет пустоцвет.
Ты, как премудрый Архимед,
Являя жизненные споры,
Перевернуть желаешь свет
Без основательной опоры.
Твое духовное призванье
Ортодоксальностью твердит.

*Праведник:*
Универсальное сознанье
Меняет мирозданный вид.

*Дьявол:*
Вы по божественной структуре
Противоречите себе.
Твоей смирившейся натуре
Не противостоять судьбе.
Неумолимыми часами
Век нерадиво пробежит…

*Праведник:*
Но люди, несомненно, сами
Безмерно усложняют жизнь!
Внемля сознаньем постиженью
Космологических проблем,
Все поддаются искушенью
Тобой придуманных дилемм.
Душа уверенно хотела
Идти к божественным мирам,
Чтоб укротить
     пристрастье тела
К порочным жизненным дарам.
Она желала бы духовно
Переиначить Бытие…

*Дьявол:*
Но ничего ведь, безусловно,
Не получилось у нее!
Людская грешная натура
Стезей неблаговидных дел
Отвергла светлую культуру,
Переиначив свой удел.

До мизерных объемов сжалось
Великодушное добро,
Но возросла лихая жадность,
Заполнив злобное нутро.

*Праведник:*

Желание пороков чаще
Являет пагубный предел,
И рок постигнет тело наше
За множество греховных дел.

*Дьявол:*

Ты жаждешь мудростью своей
Познать критерии основ,
Когда великий Галилей
Отрекся от своих трудов?
Он возжелал сознаньем тоже
Явить святой потенциал,
Но жизнь немерено дороже,
Чем Мирозданья Идеал.

*Праведник:*

Я смело высказать посмею,
Что почитание найдет
Тот, кто божественной идеей
Целенаправленно живет!

*Дьявол:*

Ты ждешь
    божественных известий,
Судьбу молитвами губя,
Топчась сознанием на месте,
Жизнь прогоняя от себя.
Ведь умираешь от тоски,

Влача отверженные годы,
Грехотворящие ростки
Убив отсутствием свободы.
Твое стремленье безгранично —
Влеченье страсти превозмочь,
Но понимание различно:
Хотеть — еще не значит мочь!

*Праведник:*

Преображают поколенья
Многообразье Естества,
Ведь алгоритмом постиженья
Произрастают существа.
Вселенная духовной вязью
Была Всевышним создана,
Энергоинформационной связью
Взаимодействовать должна.

*Дьявол:*

От сладострастности чудесной
В объятиях порочных нег
И благодати повсеместной
Душа задумала побег?
Лишь только заиграют струны
Твоих звонкоголосых лир,
Как жизнерадостность Фортуны
Откроет многоликий мир!
Ты хочешь уникальный знак
Явить путем созданья книги
И, как Оноре де Бальзак,
Писать романные интриги?
Преображай благую даль
Мечтой грядущего кумира

И, вероятно, как Стендаль,
Покажешь уникальность мира!
Ты доверяешь небесам
Иллюзиями вдохновенья?

*Праведник:*

Шекспир, Гюго и Мопассан
Создали дивные творенья.
Писатели земной судьбы
Величьем Истины вершили…

*Дьявол:*

И, как духовные рабы,
Идей заложниками были.
Неутомимые педанты
Сознанием не горячи,
Как изощряющийся Данте,
Который вас уму учил.
*В фантасмагориях витая
Натурой праведной своей,
Он жил, премудро сотворяя
Многообразие идей.
Вращаясь во Вселенской фазе
Неподражаемых искусств,
Слагал красноречивой вязью
Замысловатость светлых чувств.
Усердиями созиданья
Преобразив духовный спуд,
О подноготной Мирозданья
Создал фундаментальный труд.
Явив сознанием превратно
Универсальность Бытия,
Он показал невероятно
Стезю загробного житья.*

*Высоконравственным настроем
Открыв Вселенское Лицо,
Он был непризнанным изгоем
У католических лжецов.
Теологически спрягая
Структуризацию основ,
Творил, премудро усложняя
Многообразие миров.*

### Праведник:

*Являя жизни бесконечность
Великолепием искусств,
Он отразил святую Вечность
Благонамеренностью чувств.
Проникновеньем созиданья
Наполнив мыслями эфир,
Он суперсферой подсознанья
Открыл потусторонний мир.*

### Дьявол:

Ты ищешь плодотворный толк
От созидательных идиллий,
Как Аристотель, Эмпедокл,
Плутарх, Гораций иль Вергилий?
Но ведь наивные глупцы,
Которые познаньем жили,
Как философские истцы
Себя посмешищем явили.
Твое духовное нутро
Иссякнет вдохновеньем вскоре,
И на сознание тавро
Поставит пагубное горе.
Смерть жадно ходит за тобой,

Исполненная дел кровавых,
И ты, как Байрон иль Рембо,
Умрешь от рук ее костлявых.
Ведь этот сумасбродный лад
Непререкаемо жестоко
Вверяет свод фатальных дат
Ничтожности земного срока.
Тебе не убежать от свор,
Буяющих безумьем рьяно,
Когда оскалится топор
И плаха ухмыльнется пьяно.
Но тщетно на судьбу пенять,
Ведь люди мудрость презирают,
И как ты сможешь их понять,
Когда тебя не понимают?
Здесь разве интеллекта хватит
На благонравственный подход?
Немало сил придется тратить,
Чтоб обрести заветный плод!
Идя дорогою науки,
Ты Истине Вселенской внял,
Перетерпев большие муки,
Как возгордившийся Тантал.
Ты выбрал путь душе отрадный,
Который дарит небосвод,
Но незачем идти в парадный,
Когда есть к славе черный ход.
И не всегда чрезмерно просто
Слагается земная суть,
Ведь всякий в мире ищет способ,
Чтоб Шелковый проторить путь.
Не от тебя здесь все зависит,
Хоть в деле ты увидел прок,

А лишь от тех,
            кто алчной мыслью
От созидания далек.
Мораль, забытая отчасти,
Откроет Истины лицо
В том, что глупцы,
            стоя у власти,
Ничтожат сотни мудрецов.
Неумолимость иерархий
Являет грехотворный сказ,
Когда всесилие монархий
Запрашивает злую казнь.
Бытуют ханжеством по праву
Ортодоксальные умы,
Ведь в самых
            просвещенных нравах
Буяют кулуары тьмы.
Лжецов всегда холено тело
И речи сладости полны,
Но души грешны до предела
И мысли смутные черны.
Своей красноречивой вязью
Осыпят благодатью слов,
А за глаза — смешают с грязью
Недальновидных простаков.
Их изощренная натура
Преображает бытие,
Ведь дорога своя им шкура
С местоимением «мое».
Таким — раздолье в этом мире,
В его условиях лихих,
Где формируются в эфире
Фигуры низменные их.

Но может быть, тобою, право,
Украсят жуткий эшафот
Или под крики «Браво! Браво!»
С колоды голова спадет.
Беспомощен душевный лик
Среди греховного всесилья,
Где доминирует язык
Жестокосердного насилья.
У злых — величественность судеб
С неумолимостью идей,
Они несправедливо судят
Благонамеренных людей.
Одумайся, пока ты жив,
Переиначить дело это,
Ведь негодяи и ханжи
Не терпят сущности поэта.
Они с неистовостью лжи
Буяют злобою подложно,
Где умерший Сократ лежит,
Убитый яростью ничтожно.
Коварностью лихих стремлений
Здесь обнажились сотни жал,
Ведь ни один великий гений
От воздаянья не сбежал.
Возможно, праведный ответ
Подвигнет к жизненному краху
И ты отверженностью лет
Поддашься пагубному страху.
Или беснующийся свет
Тебя неистово затравит
И жуткий посиневший след
Тогда на шее смерть оставит.

*Праведник:*

Возжаждав Истине служить,
В шальную жизненную смуту
Поэты жаждут отдалить
Свою летальную минуту.

*Дьявол:*

Амбициозно и жестоко
Был выигран смертельный блиц
Всесильем Времени и Рока —
Всевластьем яростных убийц!

*Праведник:*

Отвергнув низменность порока,
Деянья светлые верша,
Поэты гибнут раньше срока,
Блаженством Истины дыша.

*Дьявол:*

Твои познанья слишком скудны
О мире, что предельно прост,
Реальностью любой секунды
Являющем духовный рост.
Он вдохновляет вас и судит,
Творя Вселенское табу,
Чтоб миллионы разных судеб
В одну соединять Судьбу.
С людьми он чрезвычайно строг,
И велика за все расплата…

*Праведник:*

Вселенский жизненный чертог
Свои распахивает врата.

*Смерть — энтропия Мирозданья
И дегенерационный цикл
Преображенья созиданья
Универсальной матрицы.
Градациями изменений
Для человеческой души
Бытует много измерений,
Дающих жизненно вершить.
Господь величьем созиданья
Творит уверенно, дабы
Преображением сознанья
Являть критерии Судьбы.
Душа, найдя в огромном мире
Космологический резон,
Переформирует в эфире
Божественный диапазон.
Ведь космоэволюционной схемой
Всевышний истинно вершит,
Чтоб интегральною системой
Шло восхождение души.
Благословенным постиженьем
Суперинформационной сети
Поднял ее преображенье
До сверхформации бессмертья.
Есть динамическая ясность
В энергоритмах бионорм —
Гомологическая разность
Контрастных измененных форм.
Вмещая душу в своды тела,
Господь творит духовный сан,
Чтобы структура тяготела
К разноименным полюсам.*

*Дьявол:*

Все в мирозданной круговерти
Законом Истины живут:
О том, что будет после смерти,
Фактически не узнают.
Ушедшие невозвращенцы
Покоятся в сырой земле:
Цари, рабы и отщепенцы,
Прожившие в коварном зле.
Столетьями умы пытались
Проникнуть в тайны Бытия,
Но безвозвратно оказались
За жуткой гранью забытья.
Среди житейской круговерти
Вовеки не найти ответ,
Так что не стоит мир, поверьте,
Делить на «тот» и «этот» свет.
Универсальная астральность
Тебе неведома сполна,
Ведь виртуальная реальность
Загадками окружена.
Отвергнув правды неуместность,
Ты должен четко уяснить,
Что, постигая неизвестность,
Есть шанс известное забыть!

*Праведник:*

*Душа — магический фрактал
Многообразья созиданья,
Духовный сверхпотенциал
Энергосферы Мирозданья.
Она не ведает границ
Познанья во Вселенской гамме,*

*Где множество контрастных лиц
Бытует в жизненной программе.
Она — божественный исток,
Который мудростью священной
Питает жизненный поток
Высоконравственной Вселенной.
Формированием основ
Космогенерационной сети
В ней изобилие миров
Контрастами тысячелетий.
Многообразием причин
В энергосфере Мирозданья
Она — мерило величин
Божественного Созиданья.
Она — универсальный пик
Животворящего соцветья,
Энергоинформационный лик
Благословенного бессмертья.
Среди космической дали
Живем Божественным началом…*

### Дьявол:

Сферический объем Земли
Творит своим потенциалом.
Любой плебей или кумир
В среде божественного смысла
Преображает этот мир
Потоками контрастных мыслей.
Универсальною мозаикой
Слагается судьба людей
Среди лачуг,
           роскошных замков,
Сомнений, поисков, идей.

Народы рушат, созидают,
Бесчинствуют, боготворят
И окончательно не знают,
Зачем плеяды дел творят.
Но коль все разложить
                по полкам,
Чтоб свет познанья не зачах,
То люди склонны к кривотолкам
В своих сценических речах.
Полифоническим сознаньем
Они в теченье многих лет
Пытались сферы Мирозданья
Под свой подстроить интеллект.
Все планомерно искажая,
Бытует нравственность умов,
Позоря или возвышая
Интерпретациями слов.
Они реальность изменяют,
Столь изощренно говорят,
Что белое все очерняют,
А черное — вмиг обелят.
Любая сущность на планете
В многообразии своем
Являет жизнь в
            контрастном свете
Аналитическим умом.
Среди неистового мира
Неутомимостью своей
Тот намечается в кумиры,
Кто будет яростней, сильней.
Фундаментальною скрижалью
Гласит грехотворящий слог
То, что Божественной моралью

Никто еще прожить не смог.
В душе — обилие эмоций,
Ведь человек духовно пуст
Без динамических пропорций,
Слагающих систему чувств.
Преобладая высшей сферой
Многообразия причин,
Сознание вселенской мерой
Меняет образность личин.
В божественном сосуде — пусто,
А в остальных — лихая тьма,
Где ненавидящее чувство
Являет пагубность ума.

*Праведник:*

Сей мир — логическою пробой
Универсальности своей
Глупцов напитывает злобой,
А мудрых — делает добрей.
Процесс создания всего
Творит космическим прогрессом…

*Дьявол:*

Где мировое естество
Своим преобладает весом.
Жизнь исторически менялась
Преображением идей,
Но неизменною осталась
Судьба талантливых людей.
Их благородное ученье –
Ортодоксальности сродни,
Наперекор судьбы теченью
Влачащее лихие дни.

Творцы отвержены доныне,
Попавшие в духовный плен,
Как вопиющие в пустыне,
Не ожидая перемен.
Они слагают ряд теорий
Многообразия причин
Неповторимых аллегорий
Трансцендентальных величин.
Преобразив свое сознанье,
Премудро выдают затем
Гипотетичность Мирозданья
В универсальности систем.
Расширил мудрости границы
Высоконравственный подход.

*Праведник:*
Но открывают единицы,
А воплощает — весь народ.

*Дьявол:*
Земля в неистовом затмении,
Космологической судьбой,
Не замечает то, как гении
Уходят молча в мир иной.
Они сникают незаметно,
Умытые потоком слез,
Среди невероятных грез…

*Праведник:*
Идея гения бессмертна!
*Прогресс
  Вселенского Сознанья,
Являя свой потенциал,
Многообразьем созиданья*

*Творит духовный ареал.*
*Динамикою постижений*
*Космологических основ*
*Слагает неустанно гений*
*Интерпретации миров.*
*Высоконравственностью*
                *смысла,*
*Благословенною мечтой,*
*Он устремлениями мысли*
*Добьется истины святой.*
*Все Мирозданье идеально*
*Слагает жизненную суть,*
*Где от обычного до тайны —*
*Логически короткий путь.*
*И здесь неразличимы грани*
*Миров, но знает правду тот,*
*Кто и в обычном видит тайну.*

*Дьявол:*
Но иногда — наоборот.
Интерпретациями мысли
Я укажу духовный путь
К мирам
    мистического смысла,
Являющим земную суть.

*Праведник:*
Свет Разума проникновенно,
Потенциальностью идей
Преображает вдохновенно
Цивилизацию людей.
В метафизическом эфире —
Творения Вселенский смысл,

И в каждом разноликом мире
Заложена благая мысль.
Ведь сущности, что наполняют
Энергосферу Бытия,
Универсально отражают
Апофеоз развития.
У всех контрастные структуры,
Носящие духовный ген,
И каждая творит натура
Энергетический обмен.
Всесилием потенциала
Вершат от Первого лица…

*Дьявол:*

Чтоб глупость разум дополняла,
Дурак учил жить мудреца?
*Людей ничтожных и великих,
Погрязших в пагубных мирах,
Запечатляют в разных ликах
При одинаковых делах.
Грехотворящая реальность
Должна Созданье исказить,
Найдя в бездарном «гениальность»,
Чтоб в гении ее убить!*
…Умрут безвестные пророки,
Сомкнув холодные уста,
Затравлены и одиноки,
В глухих, нехоженых местах.
Они кощунственно убиты
Негодованием невежд
И безысходностью зарыты
С обилием святых надежд.

Им незначительный дан срок
Для гениальных достижений,
Ведь демонический порок
Приносит силу сокрушений.

*Праведник:*
Они идеями святыми
Являют Истины лицо…

*Дьявол:*
Увековечивая имя
Среди неистовых глупцов.
И что слагаются созвучно
Им дифирамбы и стихи, —
Так это — единичный случай,
Когда низам поют верхи.

*Праведник:*
Но гений — праведный кумир —
Проникновенностью сознанья
Преобразовывает мир
В потенциале созиданья.
Ему намечено явить
Всесилье жизненного смысла
И Мироздание творить
Высоконравственностью мысли.
Ему прозрением дано
Дарить вселенские надежды…

*Дьявол:*
Неугомонно все равно
Его преследуют невежды!
У гениев — своя среда
Благословением морали,

За что их глупые всегда
Неимоверно презирали.
Предавшихся благой мечте
Без видимого основанья
Жизнь заставляла в нищете
Влачить свое существованье.
Хоть ум их гениальным был,
Питая светлые надежды,
Но он-то их не прокормил,
Не дал ни крова, ни одежды.
Любое мировое семя
Имеет чувственный исток,
Чтоб, не опережая время,
Пустить живительный росток.
Является в духовном чуде
Священный жизненный итог.

*Праведник:*

Хоть гонят их коварно люди,
Зато благословляет Бог!
Они — прозрение из тьмы
Многообразьем созиданья…

*Дьявол:*

Ортодоксальные умы
Преображают Мирозданье.
Великосветские мужи
Вторят тщеславному устою,
И гений в кулуарах лжи
У них влачится под пятою.
Так слава ясная порой
Посредственности достается
«Благословенностью святой»,

В которой Вечность изольется.
Извечно «светочи науки»
Деянья подлые творят,
На чьем-то деле грея руки,
Все переделав на свой лад.
Ведь гении — столпы сознанья,
Что генерацией своей
Преображают Мирозданье
В плеядах благодатных дней.

*Праведник:*

У гениев мечта забыта
Про деньги, славу и почет,
Их не волнуют сферы быта,
А жизнь открытьями влечет.
Благословенным стать изволит
И вечность предопределит
Лишь тот, кто Истину глаголит
И добродетельно вершит.
Мудрец божественным прологом
Являет нравственность всегда,
Отождествив вселенским слогом
Духовность светлого труда.

*Дьявол:*

Лжецы фатальностью событья
Творца убьют, чтобы засим
Потенциальное открытье
Отметить именем своим.
Реальность тайнами покрыта,
И гений от нее далек,
Уничтожаясь сферой быта,
Как жизнедейственный исток.

Глупцы шальною круговертью
Его совсем не признают,
Чтоб, насладившись
           жуткой смертью,
Переиначить светлый труд.
Они все механизмы знают,
Как гения со света сжить,
И доступ к миру прикрывают
Ничтожностью коварной лжи.

### *Праведник:*

Они, теории создав,
Усердно изучают свет,
Познав материи состав,
Но жизни в их открытьях нет.
Творя свой исполинский труд
С немыслимыми скоростями,
Они логически идут
Неэффективными путями.
Пытаясь истину понять
Усилием своих стремлений,
Им никогда не осознать
Того, как созидает гений.
Он открывает ту деталь,
Которая не видна людям,
Явив божественную даль,
Где мы преображенно будем.
Ступая праведностью мысли
По мирозданному пути,
Он верен жизненному смыслу,
Чтобы прозренье обрести.
Неутомимым созиданьем

Высоконравственных идей
Наполнит светлое сознанье
Цивилизации людей.

*Дьявол:*

В пылу загадочных вопросов
На всем реальном — тайны тень.

*Праведник:*

Все гениальное столь просто,
Как благодатный Божий День.

*Дьявол:*

Парадоксальное участье —
Величьем светлого венца:
Несчастье порождает счастье,
Начало — ипостась конца.
*Ваш мозг — апофеоз созданья
Космологических основ,
Полифонией созиданья
Творящий множество миров.
Сформировав мировоззренье
Высоконравственностью чувств,
Всесильем одухотворенья
Являет свет наук, искусств.
Он в черепном лежит укрытьи
Универсальностью своей,
Координацией развитья
Теологических вещей.
Неисчерпаемостью смысла
Программы составляет он,
Спрягая логикою мыслей
Энергоинформационный фон.*

Благословеньем осознанья
Являя сверхпотенциал,
Всесильем преобразованья
Творит Вселенский ареал.
Планета — сфера созиданья,
Где информации поток
Он генерирует в сознаньи
За жизнедеятельный срок.
Он — семантический транслятор
Энергоритмов Естества,
Иммуногенный индикатор
Потенциалов существа.
Он — информационный импульс
Могучей силы космогенной,
Логический энергосинтез
Трансгенерации Вселенной.
Он — жизнедейственный ментал
Многообразья Мирозданья,
Магический потенциал
Универсального Созданья.
Полифоническим сознаньем
Вершит плеядой перемен,
Преображая Мирозданье
Сквозь информации обмен.
Являя жизненные звенья
Энергетических веществ,
Он — субсистема управленья
Биологических существ.
А люди, любопытным разом,
Копаются в своих мозгах,
Пытаясь обнаружить Разум,
Как Время в кварцевых часах.

Ведь созидательный критерий,
Которым ныне ты ведом,
Преобладает в должной мере
И над физическим трудом.
Мозг
    жизнедейственность итожит
И, трансформируя себя,
Слагает, разделяет, множит,
Миры сознаньем теребя.
Но от морального наитья
Он достигает одного:
Творит великие открытья
Для сничтоженья своего.
Запомни разумом навечно,
Что добродетельная мысль
Невероятно скоротечно
Преображает организм.
Идеей светлой богатея,
Обязан четко уяснить:
Чем станет человек глупее,
Тем дольше в мире будет жить!
Один логически вникает
В космическое Естество,
Но постепенно понимает,
Что сам не знает ничего.
Другой в наигранной манере
Пытается абсурд нести
И убежден, что в полной мере
Он Мироздание постиг.
Ты прозябаешь, безусловно,
С иллюзией наедине.

*Праведник:*

Чем будет человек духовней,
Тем меньше жаждет благ извне!
Ведь лучше воспарять душою,
Оставив благотворный след,
Чем с эксцентричностью лихою
Бродить по миру много лет.
Но коль уж явно подытожил
Несбыточность моей мечты —
Важнее то, не сколько прожил,
А сколько в жизни сделал ты.
Чем убедительней границы
Высоконравственных основ,
Тем жизнедейственнее лица
Космологических миров.

*Дьявол:*

С неумолимостью порока
Твоя преобразится мысль,
Хоть ты привык
            граничность срока
Закладывать в бессмертный смысл.
Душа изменчива, не скрою,
Но и дурак Творенью рад,
Ведь шутит над другим порою,
Хоть сам глупее во сто крат.
Являя грешную зацепку,
Воспламеняется сполна…

*Праведник:*

В чужом глазу увидев щепку,
Не чувствуешь в своем бревна!

*Дьявол:*

Сей мир не может жить иначе
Универсальностью своей:
Богач становится богаче,
Бедняк становится бедней!

*Праведник:*

Мудрейший на чужих ошибках
Научится своим умом,
А вот глупец не слишком шибко
Творит логическим трудом.

*Дьявол:*

Безумному всегда неймётся
Себя на каверзы обречь,
Ведь только он успел обжечься,
Как снова руку тянет в печь.
Но люди есть, что не глупы,
Ведь было сказано Шекспиром,
Что из обычной скорлупы
Возможно управленье миром.
Универсальные причины
Являют Истины лицо,
Когда коварный дурачина
Уничтожает мудрецов.
Творя подложную игру,
Он всех заведомо обманет,
А сам на царственном пиру
Бахвалиться грехами станет.

*Праведник:*

Ты мне о смерти не втори
Миров греховные морали.

*Дьявол:*

Сначала в нищете умри
Затем, чтобы тебя признали!
Вернувшись к грешному подлогу,
Творящему земной исход,
Коварные живут подолгу,
А добрые — наоборот.
Несправедливо ведь бывает
Всегда с Господней стороны:
Он добрых жизнью обделяет,
Хотя и так они бедны.

*Праведник:*

Тебе намеренно осталось
Хвалить грехотворящий лад,
Хоть жизнь одним —
         сплошная радость,
Другим — невыносимый ад,
И в мирозданной круговерти,
Где созидание идёт,
Бедняк желает скорой смерти,
Богатый же — наоборот.
Альтернативою участья
Благонамеренных порук
Порою смерть
         приходит счастьем
Финала бесконечных мук.

*Дьявол:*

Богатым радостно досталось
Пожить в греховном мираже,
А нищим пагубно осталось
Прискорбно мыслить о душе.

Ты много смыслового груза
Вложил в дилемму Бытия,
Но непомерною обузой
Нравоучительность твоя.
Искоренением вопроса
Мудрейшие всегда правы
В том, что,
        не видя дальше носа,
Не прыгнешь выше головы.
Многообразьем изменений
Энергетических частот
Великий благородный гений
Меняет мирозданный код.
Но Бог пред глупостью бессилен,
Ведь люди ценятся, увы,
Не по количеству извилин,
А по объему головы.
Тебе отчаянно осталось
Творить бесплодные дела,
Ведь мощность тела исчерпалась…

*Праведник:*
Но сила духа возросла!

*Дьявол:*
Высоконравственной душою
Ты соблюдаешь жесткий пост?

*Праведник:*
Так созидательной мечтою
Являют в будущее мост.

*Дьявол:*

Он сутью чрезвычайно хлипок.
Непререкаемостью зла
Проявится стезя ошибок,
Что праведность преподнесла.
Не уподобься сохлой ветке
На человеческом веку,
Ведь птицу приучают к клетке,
Как и собаку к поводку.
Но каждый участью доволен,
Чтобы хозяину служить,
Предпочитая сытость — воле
На всю оставшуюся жизнь.
Творя духовную дорогу
Неутомимостью идей,
Ты стал немного ближе к Богу,
Но отдаленней от людей.
Влеченье верности слепое
Тебя отчаянно ведет.

*Праведник:*

Благодеяние святое
Целенаправленно растет!
Неистовою круговертью
Являешь пагубный раздор?

*Дьявол:*

Извечно Жизнь ведет со Смертью
Контрастный мирозданный спор.
В противоборстве властных нот
Победу празднует хитрейший:
Не ты, так он тебя убьет —
Твой враг неистовый и злейший.

Всегда естественный отбор
Ничтожит мир бесчеловечно,
Но коль идешь наперекор —
Тогда у власти будешь вечно!
Возжаждав Истине служить,
Пойми логическим сознаньем,
Как хитростью на свете жить,
Вступая в споры с Мирозданьем,
И действенный совет используй,
Как изворотливость являть.

*Праведник:*

Но по земле рожденный ползать
Уж не научится летать.
Нелепы злобные усилья
Преображенье совершить,
Взрастив божественные крылья
У демонической души.

*Дьявол:*

Как пониманьем ни крути,
Но люди явно лицезрели,
Что хороши им все пути
Для достиженья злобной цели.
Среди реальности немилой,
С неумолимостью лихой,
Одни преобладают силой,
Другие — вескою мошной.
И пусть старается напрасно
Вселенский Разум объяснить
То, что извечные контрасты
Должны гармониею жить.

Но Время пагубным итогом
Всех напластовывает в прах:
И тех, кто чист был перед Богом,
И тех, кто весь погряз в грехах.

*Праведник:*

Миротворенье не оспоришь
Ортодоксальностью, но лишь,
Чем глубже в прошлое посмотришь,
Тем явней будущее зришь!
Расставит Время безупречно
В структуризации Вселенной
Все, что мгновенно и что вечно,
То, что бессмертно и что тленно.
Познает жизненный закон
Тот, кто стезей благоволящей
Все созидает в настоящем
Во славу будущих времен.
Неоспоримостью лихою
Иглу в мешке не утаишь…

*Дьявол:*

Преображенностью святою
Сознание не удивишь!
Вдруг обетованная дальность
Окажется совсем пустой,
Коль мирозданная реальность
Всегда расходится с мечтой.
Неимоверно осторожно
Благотворение губя,
Ты разглядишь,
        как все здесь ложно…

*Праведник:*
Заставив обмануть себя?
Тенденциями превосходства
Психологических вершин
Является противоборство
Высоконравственной души.
Но коль захочешь ты упорно
Обмана завертеть волчок,
То сам немедленно, бесспорно,
На хитрый попадешь крючок!
Желаешь утвердиться рангом
Своих безнравственных идей —
К тебе эффектом бумеранга
Вернется пагубность затей.
Мы добродетельнее будем,
Ведь в человеческой судьбе,
Как сам ты отнесешься к людям —
Вот так же и они к тебе.

*Дьявол:*
Благоразумная структура
Испепеляется во прах,
А грехотворная натура
Преображается в веках.
Планета во вселенском праве
Меняет низменностью лиц
Переплетенье жуткой яви
Среди безнравственных границ.
Проникновенные тирады
Высоконравственных надежд —
Эйфории убогой Правды
В устах кощунственных невежд.
Божественные перемены,

Носящие Вселенский сан, —
Отождествление измены,
Где укрывается Обман.
Все Мирозданье заполняет
Обилие коварных рож...

*Праведник:*

Мудрец всецело понимает,
Где кроется лихая ложь!
Методологией сравнений
Являя мирозданный путь,
Творим формат разграничений,
Вершащий жизненную суть.
Решив проблему созиданья,
Которую судьба дала,
Приобретаем смысл познанья
Дилеммою Добра и Зла.

*Дьявол:*

Твержу с неумолимым смыслом,
Что все — порочности рабы,
Ведь в кулуарах светлой жизни
Есть ухищрения судьбы.
К народу вечно запоздало
Приходит праведность идей,
И здесь определенно мало
Знать психологию людей.
Раскрой свои пошире очи
На мир, что у лихой межи,
В дилеммах дня и темной ночи,
Добра и зла, любви и лжи.
Планета вечных катаклизмов
Преображается сполна

Системами антагонизмов,
В которых сущность рождена.
Мое понятие не ложно:
Поделен мир наполовину,
Но отыскать всегда возможно
Логическую середину.

*Праведник:*

Диаметрально наши взгляды
Простую истину твердят
О том, что разные заряды
В один слагаются разряд.
Тебе милее, несомненно,
Натуры двойственной игры —
Те, что пред нищими надменны,
А пред богатыми — добры.
Живем мы умудренным родом
Величественных праотцов.

*Дьявол:*

Жизнь, наряду с благим народом,
Воспроизводит подлецов.
Они планету обживают
Стезею быта своего
И однозначно составляют
Немереное большинство.

*Праведник:*

Энергоформой поколений,
Потенциальностью миров
Рождается великий гений
Космологических основ.

*Дьявол:*

Но здесь не властен
            слог наречий.
Являя Истины лицо,
Возник язык противоречий
У мирозданных мудрецов.
Разнообразием морали
Стал основательный расчет:
Одни идеи воплощали,
Другие — жили за их счет.
Кто прожигал век в дерзкой страсти,
Кто добывал свой хлеб горбом...

*Праведник:*

Посредством перемены власти
Хозяин может стать рабом.
Но чрезвычайно неуместно
Вторить бунтарскому суду,
Ведь каждому и повсеместно
Должно воздаться по труду.

*Дьявол:*

В гипотетических мечтах
Витают равенство и братство,
Ведь свет лежит на трех китах:
Власть, честолюбие, богатство.
Ваш мир устроен столь контрастно,
Приемля злобную печать,
Чтоб мудрость не могла всевластно
Порабощать и подчинять,
Но если сей закон нарушен
И мудрый обретает власть,
То постепенно его душу

Заполнит низменная страсть.
Законы Бытия сложились
Так, чтобы Правде не везло
И Ум с Добром в низах влачились,
А миром управляло Зло.
Цари неистово упорно
Являют подлый оборот…

*Праведник:*
Но выбирает их народ!

*Дьявол:*
Народ — толпа людей покорных,
Где управляют «пастухи»,
Которые всегда бесспорно
Творят коварные грехи.
Ведь власть немыслимых налогов
Преображается сполна
Путем кощунственных подлогов,
Которыми вершит она.
Наивному народу скажут,
Что был правитель — негодяй,
И нового царя обяжут
Служить, немного погодя.
Но если низменные страсти
Все повернут наоборот,
То верноподданный народ
Вернет царя ушедшей власти
И все, что пагубно забыто,
Припомнит нерадиво вновь,
Ведь добродетельное мыто —
Дарить правителям любовь.
С благой покорностью взирают

Рабы на нового царя,
Что, коль прикажет — разрушают,
Деянья дерзкие творя.
И поглощается могилой
Толпа отчаянных глупцов,
Что существует вечной силой
Для возведения дворцов.

*Праведник:*

Хоть ты могуществом сознанья
В народе видишь дурака,
Случаются порой восстанья,
Как бунт с подачи Спартака.
Сей легендарный гладиатор
Великим подвигом своим
Заставил содрогнуться Рим,
Которым правил император.
Желая праведною честью
Повергнуть низменный позор,
Он поразил мечом возмездья
Когорты ненавистных свор.
Тогда правители узнали,
Как погибать в лихих бунтах!

*Дьявол:*

Восставших дерзостно распяли
И уничтожили во прах.
Но эта яростная вспышка
Разгорячившихся умов
Явилась пагубным излишком
Кровавых дел и злобных слов.
Восстаниями непременно
Буяет жуткая среда,

Где каждый подвиг, несомненно,
Хранит История всегда.
Стезей коварного подлога
Все измененно до основ.
Их повсеместно было много —
Таких, как Разин, Пугачев…
Тенденцией размежеванья
На низ, прослойку и верхи
Вы брошены на выживанье
В объятия земных стихий.
Так в Мироздании ведется,
Что управляет злобный лад…

*Праведник:*

Один Всевышний разберется,
Кто во всех бедах виноват.
Мировоззреньем вольнодумным
Открою Истины лицо…

*Дьявол:*

Народ таким быть должен умным,
Чтоб царь считал его глупцом?
Ты ведь писатель сам и цензор,
Да не мудрее во сто крат,
Чем величавый Юлий Цезарь
Или прославленный Сократ.
Живешь преддверием победы
Всеутверждающих времен,
Чтоб, избежав лихие беды,
Воздвигнуть славный Парфенон?
Вы пребываете в эфире,
Преображая Бытие
В противоборствующем мире,

Где каждой сущности — свое.
Одни страдают в жуткой грязи,
Другие — баловни судьбы,
Но если есть цари и князи,
То существуют и рабы.
Бытуют в тягостной печали
Труда немыслимым горбом.
Кто не хитер был в изначале,
Тот, несомненно, стал рабом.
Но если явно без боязни
Рабы порой себя вели,
То их на массовые казни
Нагими толпами вели.

*Праведник:*

Но начиная оголтело
Коварной яростью буять,
Цари уничтожают тело,
Им душу не дано распять.
Ведь в мирозданном обороте,
Где время действует спеша,
Приемлема порочность плоти
И неприемлема душа.
Цари неистово жестоко
Преображаются во зле
Для явного продленья срока
Негодованья на земле.
Любой судьбою взбудоражен,
Являя пагубный подлог,
Ведь для лихой натуры важен
Всепобеждающий итог.
Нередко мир с открытой злобой
Глядит на подлый оборот,

Как царь с набитою утробой
Уничтожает свой народ.
Чем больше человек желает
Величия, имея власть,
Тем он сильнее разжигает
Свою безнравственную страсть.
Но есть пределы злодеянья
Для всех носящих высший чин,
Где торжествуют покаранья
Неумолимых гильотин.
Коварность яростного часа
Являет жизненный исход,
Когда неразделимой массой
Царю покажется народ.
Грядет апофеоз кипенья,
И революция порой,
Превозмогая грань терпенья,
Сметает ненавистный строй.
Разбушевавшимся Колоссом
Народ свергает иногда
Тех карликов, которых носит
На шее мрачные года.
Грядут финалы пресыщенья,
Закончив вакханальный цикл,
Когда народные отмщенья
Штурмуют царские дворцы.
Все достигают цели сами,
Взрастая верой на челе,
Ведь те, кто правили мирами,
Давно покоятся в земле…

*Дьявол:*

Цари о доброте не судят
Всесилием лихих манер,
Преображениями судеб
Творя высокомерье сфер.
Они сражаются словесно,
Уничтожая свой народ,
Чтоб доминировал бесчестно
Грехотворящий оборот.
Царям — блаженная отрада:
Дворцы, угодья, корабли,
Но сколько напоследок надо
Для погребения земли?
Царей кладут в гробы златые,
Припудривая бледность лиц,
Но кто они теперь такие
Среди томительных темниц?
В загробном мире мрачны нравы
И неприглядная среда,
Ведь вы в том измереньи равны
За жуткой гранью — «никогда»!

*Праведник:*

Порой тираны за года
Уничтожают поколенья…

*Дьявол:*

На всемогущих иногда
Находят страшные затменья.
Цари, являя самосуд
И обратив народ в калеку,
Преображения несут
От века — к будущему веку.

*Праведник:*

Как бы ты праведно ни жил
В контрастном времени текущем,
Все то, что в прошлом совершил, —
Придет наследием грядущим!
Неумолимо жуткой новью
Разбесновавшейся среды
Вскипает яростною кровью
Коварность жизненной беды.
Ведь демонически пристрастно
Буяет низменность людей,
Когда неистовость всевластно
Представит пагубность идей.
От вакханалии кровавой
Восстание людей грядет!

*Дьявол:*

Чем тверже правит царь державой,
Тем шелковей его народ.
Там, где неистовые страсти
Устраивают торжество,
Посредством сумасбродной власти
Преобладает меньшинство.
В непререкаемой манере
Является лихая месть,
Где попраны в безумной мере
Святая правда, совесть, честь.

*Праведник:*

Наполнив мрачное сознанье
Плеядами лихих идей,
Цари иначат Мирозданье,
Ничтожа праведных людей.

Натурою амбициозной
С грехотворящею душой
Калигула, Нерон и Грозный
Вершили участью шальной.
И кровь невинная бежала
По изувеченной земле,
Где полумертвая лежала
Жизнь на Вселенском алтаре.

*Дьявол:*
Там, где ты Правду
          рьяно ищешь,
Давно порочная пора.

*Праведник:*
На мирозданных пепелищах
Взрастают паростки добра.
Через побоище лихое
Переосмысленье грядет.

*Дьявол:*
Твое деяние благое
Творит логический подход.

*Праведник:*
Где зло неистово кипело,
Слагая властные права,
Уже давно все опустело
И густо поросла трава.
Но есть
       священные мгновенья,
Где суть познания проста,

Что, отторгая тень забвенья,
Являет мрачные места.
Где положили люди главы
За жизненный счастливый лад…

*Дьявол:*
Апофеозом скорбной славы
Все насладиться норовят,
Но нет в Истории укора
В том, что мораль всегда пуста,
Когда деяния позора
Приходят в светлые места.
Ты выйди из своей гробницы,
Взглянув в отчаяньи окрест
На беспросветные темницы
И беснованья Лобных мест.
Дух в гармоническом резоне,
Но жизнь — неистовый вампир —
Являет в омраченном тоне
Божественно реальный мир!
Давай сейчас универсально
Миротворение поймем.
Не все в Природе идеально,
Как в механизме часовом,
Ведь формы Жизнью создаются,
Чтоб заселить пустынный свет,
Но лишь пока все соберутся,
Проходит очередность лет.
Усердно ищешь панацею
В определении лихом,
Где заяц сущностью своею
Не уживается со львом.
Добычей станет он мгновенной,
Прожив короткие пути…

*Праведник:*
Позорно промышлять гиеной
Или шакалом во плоти!

*Дьявол:*
Спектр зла всегда намного шире
Других, являя мрачный вид,
Ведь не согласье правит в мире,
А выживания инстинкт.
Я истину тебе открою,
Что этот мир — гора костей,
Ведь люди жизнь свою порою
Творят исходами смертей.
Людская алчная натура
В борьбе за пищу и жилье
Меняла светлую культуру
На всемогущество свое.
С неистовостью наслажденья
Идут к пороку в глубину
Путями страстного влеченья
К деньгам, обжорству и вину.
Ведь явно не единым хлебом,
А властью наслаждаться дай,
И жить не под родимым небом,
А разграблять чужбинный край.
Первообразный облик их
Является кошмарным царством.

*Праведник:*
Сей мир не строился для злых,
Которые живут коварством.
Среди всеобщего смятенья
И неустанной суеты

Сияют лики посвященья
Высоконравственной мечты.
Благословенностью святою,
Ютящейся в сознанье их,
Они творят добро душою
Для обывателей мирских.
Многообразьем созиданья
Преобразовывают жизнь.

*Дьявол:*

Чрезмерно хилые созданья
Они среди всевластной лжи.
У добрых сердце золотое,
Но разве счастливы они,
Коль в Мирозданьи, как изгои,
Влачат отверженные дни?
Всегда обмануты, забыты,
В гоненьях прозябая век,
Кощунству сплачивают мыто
Измаянностью слезных рек.

*Праведник:*

Проникновенностью святою
Высоконравственных идей
Они являют свет душою
Для поколения людей.
Ведь человек рожден увидеть
Миротворение Его.

*Дьявол:*

И, век прожив, возненавидеть
Божественное Естество?
Судьба — космическая повесть,

Отождествляющая Жизнь,
Где даже ревностная совесть
Преображается во лжи.
Пленяет низменная страсть
Сознание стремленьем мрачным:
Дай доброму большую власть —
И станет он безмерно алчным.
Закружат голову ему
Льстецы, интриги, совещанья,
И он забудет посему
Свои былые обещанья
И будет там навеселе
Кутить в неистовой манере,
Ведь все созданья на Земле
Меняются в порочной сфере.
Модификациями мира
Преображают Естество,
Чтоб в генерации эфира
Преобладало старшинство.
*Железо вечно обрекают
На двойственность
            мирских услуг:
Мечом в сраженьях убивают,
Но в поле заправляет плуг.
Духовно нет соображенья
Перечеркнуть стезю вреда,
Чтоб вместо средств уничтоженья
Творить орудия труда.
Всем не хватает арсенала,
И опрометчивый народ
Не из мечей кует орала,
А, на беду, — наоборот.*

*Алмаз веками всевозможно*
*Творит греховные азы,*
*Ведь человечество ничтожно*
*Пред блеском каменной слезы.*
*Везде познание бытует,*
*Но истина миров стара,*
*Глася, что пушку не волнует*
*Взрывное действие ядра.*
*Ум перед красотой немеет,*
*Змею не растлевает яд,*
*И каждый нравственно болеет*
*Величьем собственного «Я».*
*Метафизически умело*
*Миротворение познай*
*И перед тем, как сделать дело,*
*Его теорию создай.*
*Законом жизненным вчерашним*
*Гласит пугливая молва,*
*Что зверь любой бывает страшным*
*Под покровительством у Льва.*
*Блюдя житейские законы,*
*Любому бытность дорога,*
*Хоть суслику для обороны*
*Оленьи не идут рога.*
*Хоть смелость трусости не пара,*
*Но величавостью своей,*
*Примерив шкуру ягуара,*
*Гиена кажется сильней.*
*Преображением живучим,*
*Дающим властные права,*
*Шакал становится могучим*
*Над телом умершего льва.*
*Ты опрометчивей ребенка,*

*Ведь не нужна в земных краях
Волку — доверчивость ягненка,
Орлу — наивность воробья.*
Я изрекаю ныне веще,
Что притязанием натур
Извечно управляют вещи
Земных безжизненных структур.
Все в Мирозданьи продается
В изменчивые времена —
То, что судьбою вам дается:
Честь, совесть, счастье, имена.
Неблаговидностью участья
Всему на рынке злобном быть.

### Праведник:

Приобретая псевдосчастье,
Ты мир не сможешь полюбить.

### Дьявол:

Корыстолюбием несложно
Ничтожные дела творить,
Где на чужих несчастьях можно
Благополучие явить.
Мирская грешная картина
Бытует алчностью окрест.
Как схоронить простолюдина?
Могилу вырыть, сделать крест?
Грядут душевные мученья
Для приближенных и родных,
А у могильщиков стремленья —
Побольше денег взять у них.
Ведь не волнуют их страданья!

Грехопадением своим
Все в сумасбродстве Мирозданья
Живут стяжательством лихим.

*Праведник:*
Всесилием потенциала
Является житейский лад,
Где одному богатства мало,
Другой — копейке медной рад.
Но в Мироздании ведется
Альтернативностью своей,
Чем тяжелей хлеб достается,
Тем он дороже и вкусней!

*Дьявол:*
Миры контрасты проявляют,
Когда стезями суеты
Одни от сытости буяют,
Другие же — от нищеты.
В дилемме жизненного круга
Судьбой проведена черта:
Богач не ищет в бедном друга,
Голодный — сытым не чета.

*Праведник:*
Внемля содействию благому,
Творящему земной контраст,
Немой укажет путь слепому
И бедный нищему подаст.
Тенденцией непониманья
Творит неистовость нутра,
Но благостью существованья
Взрастают паростки Добра,

И не пройдут стезей бездушья
Все мимо тягостной беды...

*Дьявол:*
Есть воплощенья равнодушья
У человеческой среды!
С их молчаливого согласья
Творятся бедствия кругом,
Они в добре не ищут счастья,
Найдя себя совсем в другом.
Бог вместо сердца
              дал им льдину,
Душа их — пагубный кристалл,
Знать, золотую середину
Он сам им четко выбирал.
Тебе я ныне повествую
О том, как тело уберечь.

*(про себя):*
Из дела малого большую
Корысть не жаждет он извлечь.

*(вслух):*
Беды коварное ненастье
Преображает даже Зло.
Ушло от человека счастье,
Да тут несчастье помогло.
Теряя жизненную силу,
Отчаяньем душевных мук
Копал бедняк себе могилу
И вырыл золота сундук.
Так явно
      благодатным смыслом
Пришла усладная пора,

Которая теченьем жизни
Приносит худо от добра.
Освободи свое сознанье
От иллюзорности мечты.

*Праведник:*
Дух выражает созиданье
Благословенной доброты.
Ведь я с восторженностью мысли
Ходил у зла на поводу,
Нелепостью порочной жизни
Грехов являя череду.

*Дьявол:*
Все Мироздание подложно
Являет жизненную суть,
Где свод благих поступков можно
Одним проступком зачеркнуть
И Правду властно уличить
В том, что она
           промозгла ложью!
Добро от зла не отличить
Среди греховного подножья.
Допустим, ты врага убил
В открытом ратоборском споре.
Одним добро ты сотворил,
Другим — немыслимое горе.
Поджог негодник совершил,
Крыльцо пожарищем пылало,
Ты прибежал и потушил —
Без зла добра бы не бывало!

*Праведник:*
Я не способен убивать
С лихой идеей — брат на брата.

*Дьявол:*
Но все же властен отличать
Восход от тусклого заката.
Обилием душевных чувств
Внемли премудрому понятью:
Подъем усиливает спуск,
Хвала предшествует проклятью.
Вторя кощунственному ладу,
Вершится подлый оборот,
Где мудрого казнят за правду,
А глупый — царствует и лжет.

*Праведник:*
Занятие царей лихое:
Насытившись грехами всласть,
Они, ругаясь меж собою,
Воюют за земную власть.
Всегда сражаются без толку
За мировой великий трон
И осчастливливают только
Желудки падальных ворон.
Из-за такого псевдосчастья
Немало горя на земле,
Ведь нерадивостью участья
Цари присутствуют в игре.
Они духовное ничтожат,
Являя низменную страсть,
Не зная никогда, что тоже
Над ними существует власть.

Как в ратоборском поединке,
Правитель сильно уязвим,
Ведь им владеют невидимки,
Для коих он всецело зрим.
Веленьем властным кукловода,
Приемля пагубную лесть,
Царь пред обличием народа
Теряет собственную честь.

*Дьявол:*
Цари приходят и уходят,
Но вечно остаются те,
Кто лицемерием восходят,
Предавшись мнимой доброте.
Льстецы изысканностью слога
Всегда елейный носят грим,
Служа у черта и у Бога,
Иль одновременно двоим.
И, перевоплощаясь быстро,
Льстец лизоблюдничать спешит,
От сладословья — к подхалимству
Излившись хитростью души.
Здесь изворотливость уместна,
Ведь под тяжелою рукой
У дуба ветка быстро треснет,
А ива — выгнется дугой.
Все нерадиво обитают
В преображениях идей,
Как пчелы,
       что совсем не знают
О высшем разуме людей.
Владык, по праву, скоротечно
Бегут правления года,

А все льстецы бытуют вечно
Стезей словесного вреда.
Вторя елейные тирады,
Они умеют так сказать
К великолепию услады
Царя, чтоб тот закрыл глаза.
Пусть лесть течет из уст народа,
Благообразностью нежна,
Вкуснее липового меда,
Хмельней душистого вина.
*Себя заставив*
          *страстно слушать,*
*Умея патокою течь,*
*Усладно обольщает души*
*Ее магическая речь.*
*Вы на нее чрезмерно падки,*
*Ведь из стремленья своего*
*Она скрывает недостатки,*
*Приукрашая Естество.*
*Всегда иллюзии являет*
*Благоговением своим,*
*И неправдивостью сияет*
*Ее сладкоелейный грим.*
Вторя душевные тирады
О добродетели, любви,
Льстецы всесилием услады
Являют почести свои.
Хоть Естество переполняешь
Благословением мечты,
Но чем всевластнее ступаешь,
Тем величавей будешь ты.

*Праведник:*

Стезями пагубных услуг
Ты оперируешь веками
И миром властвуешь, но вдруг
Коса греха найдет на камень?
Прозреют люди и поймут,
Что шли неправыми путями…

*Дьявол:*

Нелепо бесполезный труд —
Справляться с вечными страстями!
Не стоит тягостно стараться
Тушить греховные огни,
Что стали пылко возгораться,
Инстинктам жизненным сродни.
Твое стремленье правомерно —
Свернуть с порочного пути,
Хоть Мирозданье лицемерно,
Как пониманьем ни крути.
Допустим, ты в державной сфере
Имеешь всемогущий вес,
За что тебя в достойной мере
Льстецы возносят до небес.
Животрепещущим елеем
Неподражаемых речей
Твердят наперебой, скорее,
О добродетели твоей.
Они лавируют искусно
Мировоззрением своим,
Но их неискренние чувства
Грядут деянием лихим.
Когда к тебе веленьем рока
Нагрянет жуткая пора,

То отвернутся все жестоко,
Кто подхалимничал вчера.
Наступят злые перемены,
Стирая лестные черты,
Где изощренностью измены
Увидишь негодяйство ты.
Все, кто в тебе души не чаял,
Желая благ и долгих лет,
Пройдут, тебя не замечая,
Злорадно ухмыльнувшись вслед.
Тогда коварною судьбою
Познаешь горестный удел
И уподобишься изгою
Средь тех, кто сладострастно пел.
Но если благодать Фортуны
Тебе вернет былую власть,
То заликуют все трибуны
И будут вновь поклоны класть.
Везде присутствует логичность
Среди житейской новизны,
Где обусловливают личность
Чины или размер мошны!

*Праведник:*
Но лучше быть обычным нищим,
Живущим силою любви,
Чем на чужбинных пепелищах
Воздвигнуть замки на крови.
Мы мир универсальный строим
Благословенною стезей,
Где трус не властен стать героем,
А вор не создан быть судьей,

И суд земной творит правдиво
Высоконравственный контраст.

*Дьявол:*

Но прав всегда лишь тот, на диво,
Кто судьям денег больше даст!
Бытуют яростные споры
Критерием альтернатив
О том, кто честные, кто воры,
Кто праведен иль слишком лжив.
На многоплановой планете
Является вопроса знак:
Кто здесь мудрец, на этом свете,
А кто же — истинный дурак?
Земля намеренно молчала
О благоденственных часах,
Но лучше взвесить для начала
Жизнь на космических весах.
Из человеческих стремлений
Определеньем изойдем,
Где логикою рассуждений
Критерий Истины найдем.
Мы убедительно, не ссорясь,
Без злонамеренных помех,
В одну положим чашу совесть,
В другую — многоликий грех
И, в золотую середину
Вложив контрастные миры,
Проявим четкую картину
Вселенской жизненной игры.
Ну а пока нам полуночно
Весы решают этот спор,
Я бы хотел с тобой досрочно

Закончить глупый разговор.
Коль Бытие преображаешь
Величием духовных сфер,
Ответь мне, сколько,
               если знаешь,
На свете существует вер?
Их в Мироздании немало,
Мотивами святых блаженств,
Что выражают идеалы
Высоконравственных божеств.
Они все — разноговорящи,
Но им такой критерий дан,
Чтобы вскипали в мире чаще
Междоусобицы средь стран?

*Праведник:*
Гармонизируя Природу,
Господь един в миру большом
И к многоликому народу
Приходит в облике святом.
Все человеческие нравы
Бытуют истиной своей.

*Дьявол:*
Ты ныне вдохновенно, право,
Постиг теорию вещей!
Но утверждения не вещи,
Глася теорию сполна
О том, что иногда две вещи
Одни имеют имена.

*Праведник:*
Хоть все тобой искажено,
Являясь жизненно объемно,

Но только естество одно
Случается разноименно.

*Дьявол:*

Внемля святому духовенству,
Неистово греховный свет
Идет к всемирному главенству
Путями жертвенных побед.
Любой коварности подвластен,
Не понимая одного,
Что Бог в том споре безучастен
Всесильем Слова Своего.
Он все проникновенно знает,
Преображая Естество…

*Праведник:*

Он все созданья понимает,
Но только не они — Его!

*Дьявол:*

Ответь мне, почему Всевышний
На страны Землю поделил
И этот мир всегда, как лишний,
Своим вниманьем обходил?
Когда губительные войны
Буяли между государств,
Он духом принимал спокойно
Коллизию контрастных царств,
И лишь на мировые всходы
Пролив благословенный свет,
Смягчал житейские невзгоды
Плеядами счастливых лет.

*Праведник:*
Всевышний в жизненной бразде
Взрастил Вселенские морали.

*Дьявол:*
Как лицезреть Его везде?
Ведь Облика вы не видали!
Века все молятся пристрастно,
Уверовав, что Бог незрим,
Коль не являлся Он всевластно
Благообразием Своим.
Теологической манерой
Живет в иллюзии святой.

*Праведник:*
Есть вещи, что, взрастая верой,
Осознаются лишь душой.
Преображая созиданье
Универсальностью своей,
Бог наполняет Мирозданье
Разнообразием идей.
*Тенденциями изменений*
*Слагается земная жизнь,*
*Где лабиринты измерений*
*Являют интегральный смысл.*
*Единою картиной мира,*
*Но если логику связать —*
*Не могут в матрице эфира*
*Себя друг другу показать.*
*Мы жизнедейственным стеченьем*
*Соприкасаемся порой*
*В космических пересеченьях*
*С реальностью совсем иной.*

*И для наглядного примера,
Что гении произвели,
Не все увидят бюст Вольтера,
Запечатленного Дали.
Алгоритмичностью святой
Универсальных изменений
Трансформируется устой
Разноименных измерений.
Не только глядя в телескопы
Преображениями линз,
Взираем на благие тропы,
Творящие иную жизнь.
В огромном мире все реально
И многомерно вне тебя...*

   *Дьявол:*
Но то, что не материально,
Все отторгают от себя.
Тенденциями формализма
Нравоученья своего
Здесь сущность материализма
Порабощает естество.
Дороже ревностная слава
С игрой победоносных струн,
Когда шагаешь величаво
Под ликование трибун,
Когда с неистовым зарядом
Вокруг все празднуют и пьют
И кубки со змеиным ядом
Врагам заздравно подают.
Среди грехотворящей страсти
И сумасбродных панибратств
Один живет стремленьем к власти,

Другой — стяжательством богатств,
И с накоплением процессов,
Творящих злобные черты,
Жизнь в унизительных регрессах
Теряет лики доброты.

*Праведник:*

Сокровища великих царств
Бессмысленней духовной пищи,
Ведь и цари среди богатств
Сознанием бывают нищи.
Они берут бразды правленья,
Преобразовывая новь
Неукротимостью стремленья
Пить человеческую кровь.
Всевластному всегда неймется
Побольше денег накопить,
Но даже за сундук червонцев
Талант немыслимо купить.

*Дьявол:*

Давай уверимся в деталях
Высоконравственных программ,
Коль Бог на каменных скрижалях
Законы все представил вам.
Через пророческие руки,
Запретом ревностным своим
Вручил лихие предрассудки,
Чтоб подчинялись четко им.
Поработил людские мысли
Неоспоримый формализм,
Ведь таинства духовной жизни
Предпочитают фанатизм.

Когда безумьем отрешений
К порокам праведность глуха,
Ответь мне, почему на шее
Висит иллюзия греха?
Все однозначно виноваты
За обхождение с Христом,
Вокруг иуды да пилаты,
И каждый — со своим крестом!

*Праведник:*

Чтобы с вселенским посвященьем
Прозреть духовностью своей,
Мы жизнедейственным
                  свершеньем
Несем багаж святых мощей.
Ведь крест
      для нас — напоминаньем
Об искуплении грехов,
Что нерадивым злодеяньем
Творились множество веков.

*Дьявол:*

Душа, духовностью пуста,
Погрязнет в сумасбродном гнете,
Когда вы нового Христа
Неоспоримо разопнете
И, не учитывая суть
Неумолимого порока,
Проторите коварный путь
Непререкаемо жестоко.
Находятся в умах у всех
Грехотворящие балласты,
Ведь в сути пагубных помех

Буяют злобные контрасты.
Являет стадное понятье
Разбесновавшийся народ,
Ведь, поучаствовав в распятьи,
Все направляются в приход.
Но чаще яростью подхода
Готовы Правду поругать
И напрямую из прихода
Идут коварно убивать.
Да лишь
        из принципов греховных,
Творящих пагубность интриг,
Извечно судят не виновных,
А исполнителей слепых.
Мотивом перевоплощенья
Неблагонравственной поры
Глупцы — козлами отпущенья
Премудрой жизненной игры.
Среди неистового мира,
От обреченья своего,
Вы сотворяете кумира —
Космическое божество.
В твоем сознании упорно
Величье праведных идей,
Хоть ты к Земле привык,
                бесспорно,
Как обессилевший Антей.
Твоя душа тоскою стынет,
И обреченность тело сушит,
Ведь туя не растет в пустыне,
А рыба не живет на суше.
Коль ты с планетой породнился,
То почитай ее права,

Ведь в тех местах,
               где ты родился,
Людская властвует молва.
Столь нерадиво поступаешь,
Задумав праведностью жить,
Ведь в коей сфере обитаешь…

*Праведник:*

С волками жить —
               по-волчьи выть?
Коварным только бы глумиться
Над благодушием Добра,
Вручив святую багряницу
Веленьем властного нутра.
Своим благословенным ликом
В священных жизненных местах
Пришел Всевышний
               в мир великий
В лице Спасителя Христа.
Все искупив грехи людские
Велением святых небес,
Пройдя распятье, Он воскрес,
Уйдя в чертоги неземные.
Мораль Вселенскую итожа,
Приобретя бессмертный вид,
Он напророчил Царство Божье
Всем тем, кто заповеди чтит.
Наступит благостная эра,
Где жизнерадостная новь
Взойдет, как истинная Вера,
Надежда, Правда и Любовь.
Кощунство в этой круговерти
Вновь потерпело полный крах,

Ведь все, кто ждал Иисуса смерти,
Фатально обратились в прах!

*Дьявол:*

Вы на изменчивой планете
Так уживаетесь с трудом…

*Праведник:*

Земля —
           универсальный дом
В Божественном
                Вселенском свете.
Гармонизируя Природу
Потенциальностью веществ,
Она роднит огонь и воду,
Растенья, воздух и существ.
Но здесь кощунственным бредом
Твои преобладают мысли…

*Дьявол:*

Иллюзией твой ум ведом
В познаньи истинного смысла!
Хоть нерадивый «царь Природы»
Забрался разумом в верхи,
Но все бытующие годы
Он в обуянии стихий.
Ведь неустанно созидает,
Не понимая одного,
Что обреченно погибает
От сотворенья своего.
Он поэтапно усложняет
Всепобеждающий прогресс,
Ну а затем вновь упрощает
Метафизический процесс.

Стезей разумного подхода
Люд технодетище создал,
Не осознав то, что Природа —
Неоспоримый Идеал.
Бытует уровнями мысли
Самоуверенный народ
И думает, что правит Жизнью,
Но все совсем наоборот.

*Праведник:*

Формирование прогресса
Универсальностью умов
Является благим процессом
Высоконравственных основ.
Творя логический критерий,
Господь явил наш организм,
Энергоформами материй
Преобразовывая жизнь.
Создав универсальный комплекс
Вселенского развития,
Он уподобил светлый отпрыск
Для созиданья Бытия.
Ведь ощущение реально
Для всех, кто, разумом верша,
Являет сущность идеально,
Вселенской истиной дыша.

*Дьявол:*

Творить невероятно сложно
Вселенский светлый ареал,
Хоть ты являешь всевозможно
Логический потенциал.
Отвергни призрачную небыль,

Мерцающую вдалеке!
Зачем тебе журавль в небе,
Когда синица есть в руке?

*Праведник:*
Коварная затея пестро
Творит плеяды дел лихих…

*(про себя):*
Из добрых рук сухарик черствый
Милей, чем каравай от злых.

*(вслух):*
Манишь страстями мировыми
Меня на пагубное дно…

*Дьявол:*
Где каждому предмету имя
По назначению дано.

*(про себя):*
Таким стремлением непрочным
Ум перестроиться хотел…

*(вслух):*
А как в ребенке непорочном
Определить его удел?
Ведь одинаковы все лица
В начале жизненных времен,
Но кто здесь жертва, кто убийца,
Кто будет глуп, а кто — умен?
Земные дни не слишком гладко
Идут несчастьям вопреки,
Хотя Господь дает разгадку
Судьбы на линиях руки.

*Сии бразды пересечений
Любви, здоровья и ума —
Стезями роковых стечений,
Что преподносит Жизнь сама.
Они — универсальный контур
Энергосферы Бытия,
Ответов, мыслями искомых,
В которых истина твоя.*

### Праведник:

Формирование морали
Зависит от причин таких:
В какой семье всех воспитали,
В какой среде взрастили их.
Когда дитя на ноги встанет,
Являя благодатный смысл,
Оно логически познает
Науку под названьем «Жизнь».
Увидев сущность Мирозданья
Преображенною душой,
Оно проявит созиданье,
Определяя выбор свой.
Познав Вселенскую дилемму
Гармонии добра и зла,
Решит извечную проблему,
Которую судьба дала.
Благословеньем постижений
Слагая жизненную суть,
Методологией сравнений
Определится верный путь.
Ведь с теми Бог
        бывает искренен,

Кто интуицией ведом
И к осознанью вечных истин
Приходит
         собственным умом.

    *Дьявол:*
Сперва сознанию милее
Буянье жизненных стихий,
Но чем ты старше, тем сильнее
Клонит замаливать грехи.
Не та становится походка,
Осанка, говор, слух и взор,
Но в разуме небес находка
Решает мысленный раздор.
Натура лишена комфорта,
И вы, с прискорбностью трубя,
Вините в этом Бога, черта,
Но только, право, не себя.
Когда смерть встанет возле цели
И вас запросит, посему
Зовете вы слугу из церкви,
Чтоб исповедаться ему.
Вы все считаете порою,
Что души очищает сказ,
Ну а священники, не скрою,
Обманывают лихо вас.
Ведь тайной о житейских спорах
Не всякий в мире дорожит,
И в захмелевших разговорах
Она огласке подлежит.
Предсмертный сказ
              в объеме малом

Из похождений и интриг
Является материалом
Для анекдотов или книг.
Свод убедительных амбиций,
Которым человек ведом, —
Чреда курьезных репетиций
Перед Божественным Судом.

*Праведник:*
Те, что познали быль и небыль,
Живут прозреньем на челе.

*Дьявол:*
Гнездясь сознанием на небе,
Страстями прикипев к земле!
Измучив страждущее тело,
Бытуешь пищею надежд
Затем, чтоб праведное дело
Учило низменных невежд?

*Праведник:*
Один усердиями мысли
Достигнет блага своего,
Другой течениями жизни
Становится ничтожеством.

*Дьявол:*
Бог сотворил
        священным словом
Структуру, близкую Ему,
Всесильем нравственной основы
Вручая логику уму.
Заложена духовно в вас
Универсальная программа,

Но люди в сумасбродный час
Выходят из контрольных рамок.
Ведь если разобраться в деле
С причинами вселенских действий,
То гениальность на пределе
Не переходит по наследству.
В развитии любого рода
Мутациям геномным быть,
Когда духовная природа
Сплетает жизненную нить.
Многообразьем изменений
Энергетических частот
Жизнь людям без ограничений
Преображала генокод.
Тенденциями превосходства
Прослеживается та черта,
Что злополучное уродство
Изысканно, как красота.
В полифонии Мирозданья
Запечатляют идеал,
Но гении слабы сознаньем
Копировать Оригинал.
Они страдают каждой гранью
Своих несовершенных форм,
Придать стараясь созиданью
Стандарты животворных норм.
Творцы работали, помногу
Затратив благодатных сил,
Но ведь никто, подобно Богу,
Оригинал не сотворил.
Господь придумал так нарочно,
Чтоб человек миры познал
И, создавая комплекс блочный,

Кибернетичность проявлял.
Преображает сущность рока
Лик человеческой души,
Ведь мерой жизненного срока
Стараетесь судьбу вершить.
Вселенский путь людьми не познан,
Являя уникальный смысл.
От микромира — к ярким звездам
Столь несоизмерима Жизнь.
Проникновенными веками
Порывом духа своего
Все философский ищут камень,
Но не находят ничего.
Благословенные морали
Гласили с истинным трудом
То, что Господь, создав детали,
Творит миры своим умом.

*Праведник:*
Всевышний в подлинных твореньях
Из органических веществ
Запечатляет в поколеньях
Биопропорции существ.
И здесь не виден лик изъяна,
Ведь каждый индивидуал
Всесильем жизненного сана
Отожествляет идеал.
Великие умы являют
Плоды универсальных дел…

*Дьявол:*
Но все равно не постигают
Животворения удел.

Духовностью проникновенья
Всевышний Сущность насмешил,
Коль своенравные творенья
Логически не довершил.
Вы в прошлом мало отличались
От безобразных обезьян
И неизменными остались,
Ведь в каждом теле есть изъян.
В потенциале созиданья
Космологических начал
Многообразием сознанья
Преобразится Идеал.
Вселенская судьба являлась
Целенаправленно сама,
Где однозначно не досталось
Одним — добра,
                     другим — ума.
Мирам определяют место,
Где жизнедеятельной цепью
Из одного всех лепят теста,
Но по изысканным рецептам.
Ведь неприемлемы морали,
И Бог, являя вещий сказ,
Вращая время по спирали,
Карает справедливо вас.
Живете низменно, убого,
Увидев пагубный исход,
Прося измаянно у Бога
То, что всегда недостает.
Творите силою благою,
Ночами не смыкая глаз,
Желая ощутить душою
Его проникновенный сказ.

*Праведник:*
Господь создал Адама с Евой,
Прообразами сделав их,
А то, что зарождалось в чревах, —
Деянья грешных дел людских.
Рождаются глупцы, уроды
От демонических утех
Как наказание Природы
За распаляющийся грех,
Ведь все калигулы, пилаты,
Ты в осознание возьми,
Пред Господом всегда горбаты,
Хоть окрыленны пред людьми.
Но мы натурою не звери,
И нужно, искренне любя,
Отдать долги в духовной мере
Тому, кто вырастил тебя.

*Дьявол:*
Все человечество порочно
Миротворение губя,
Живет определеньем волчьим,
Где каждый — только за себя!

*Праведник:*
Большое
        множество бессильных
На нашей страждущей земле:
Калек, юродивых и сирот,
Блуждающих в греховной мгле.
Они за нищенским порогом
Влачатся в обреченный час…

*Дьявол:*

Оправдываясь перед Богом
Измаянно, по многу раз.
Твердят причастные молитвы:
«Помилуй грешников, Господь»,
А на уме — другие виды:
Как бы свою насытить плоть.
Хоть губы шепчут покаянья,
И по щеке течет слеза,
Да вырываются стенанья,
Но только выдают глаза.
Они — магический рефлектор
Душевно потаенных чувств,
И подсознательный детектор
Определит, ты лжец иль трус.
Ведь выдает вас всех отчасти
Такой проникновенный взгляд,
Хоть и священники не часто
Благодеяния творят.
Они, отслуживая строго
Молебен ежедневный свой,
Святые заповеди Бога
Обходят дальней стороной.
Тенденцией противоборства
Являя хитроумный смысл,
Они живут стезей обжорства
На поприще плачевных тризн.
Ведь у наивного народа,
«Деянья светлые» верша,
В церковных ряженых приходах
Все изымают до гроша.
Питаются от приношений
Добра, открыв свои уста,

Не зная бедственных лишений
Под покровительством Христа.
Они, на простодушье люда
Скопив немерено богатств,
Глупцам вселяют веру в чудо,
Что за все благо Бог воздаст.
Им нравятся потоки лести
От нерадивых простаков,
Что мыслью топчутся на месте,
Играя перебором слов.
От неприкаянной тоски,
Являющей святые сени,
Законам жизни вопреки,
Вы падаете на колени.
Увидев грехотворный пир,
В церковных молитесь приходах,
Хотя многообразный мир
Не строится на ветхих сводах.
Как лицемерная гряда,
Возносится мотив великий,
Что созиданье не всегда
Творило благодатным ликом.
Ты ведь пока еще живой,
Но во Вселенской эпопее
Настанет, вероятно, твой
Фатальный день теперь скорее.
Побереги стальные нервы
Среди плетущихся интриг,
Припоминая, как Петр Первый
Ссылал на Соловки расстриг.
Было великое деянье
Петровых благородных сил,
Когда, меняя одеянья,

Он бороды боярам сбрил.
Тогда закончилась свобода —
Вольготным прегрешеньем жить,
За счет наивного народа
Чревоугодие творить.
А ты привык мечты являть,
Играя с Мирозданьем в прятки,
Но если четко поменять
Твои духовные порядки?
Вся жизнь должна преобразиться
От этой перемены мест.

*Праведник:*

Ты заставляешь торопиться
На праведности ставить крест?

*Дьявол:*

Когда духовностью ведом
К благонамеренным истокам,
То грех является и сном
Неукоснительно жестоко.
Меняя жизненный удел
Вселенского образованья,
Изматывает чувства тел,
Даря душевные терзанья.
И то, что в памяти подчас
Увяло ликом созиданья,
Он возрождает рьяно в вас
Всесильем властного деянья.
*Ведь сон — стезею сокровенной
Многообразья Бытия,
Иллюзией проникновенной
Духовного развития.*

*Преображая подсознаньем
Энергоинформационный код,
Вселенским миропониманьем
Он сотворение ведет.
Сон —*
  *многогранный стимулятор
Энергоформы Естества,
Универсальный генератор
Потенциалов существа.
Неповторимостью эйфорий,
Благонамеренностью грез,
Многообразьем аллегорий
В изящности метаморфоз.
Все в виртуальности витают,
Участником событий став,
А поутру не понимают,
Был это сон или же явь.
Всесильем иллюзорной ночи
Магический вселенский транс
Неоспоримостью пророчеств
Видения рождает в вас.
Среди божественной истомы
О безысходности трубя,
Во снах преследуют фантомы,
Лихими страхами губя.*

### Праведник:

Но кто живет судьбой прозренья,
Вникая в жизненную суть,
Увидит ясность озаренья,
Дающую священный путь.

*Дьявол:*

Но есть еще одна стезя
Логического смысла мира,
Которую узреть нельзя
В преображениях эфира.
Ее магическую нить
К реальности нельзя причислить:
Одно ты можешь говорить,
Другое — делать,
         тайно — мыслить.

*Праведник:*

Я осознал сакральность смысла,
Где благонравственность чиста,
Являя праведные мысли,
В которых мира красота.

*Дьявол:*

Кто убежал от совершенства
Животворящей суеты,
Уходит в стадию блаженства
Всепобеждающей мечты.

*Праведник:*

Благословенными делами
Многообразия миров
Есть осознание умами
Фундаментальности основ.
Потенциал цивилизаций,
Спрягая жизненный процесс,
Полифонией информаций
Творит космический прогресс.

*Дьявол:*

Но не чета ты Архимеду
В своей монашеской норе.

*(про себя):*

Коль не гора уж к Магомету,
Знать, Магомет пойдет к горе.

*(вслух):*

Хоть Мирозданье созидает
Благословением идей,
Но пагубность уничтожает
Цивилизацию людей.
Идут плеяды поколений,
Как воплотившаяся мысль,
Что сериями достижений
Являют интегральный смысл.
Ведь в изменяющемся мире
Бытует животворный вдох,
Где в динамическом эфире
Витают призраки эпох.
Гармонией проникновенной
Меняется система мер,
Где информация Вселенной
Творит многообразье сфер.

*Праведник:*

В миротворящей круговерти
Являя жизненный размах,
Добро возносится в Бессмертье,
А зло — ничтожится во прах.
Логическое изначалье
Метафизических основ
Отождествляло зазеркалье

Энергетических миров.
Но Человек сумел сберечь
Добро на животворном лоне,
Преобразовывая речь
Потенциалами гармоний.
Он Универсум изучил
Многообразьем постиженья
И философски изложил
Ортодоксальные ученья.
Космологически вникал
В первоосновы Мирозданья
И планомерно осознал
Полифонию созиданья.
Ядро урана расщепил
И, обуздав огонь и воду,
Неоспоримо подчинил
Универсальную Природу.
Добыл энергию из недр
Первопричинного Начала
Преображениями сфер
Духовного потенциала.
Тенденциями постиженья
Он технологии развил,
Познав механику движенья
Энергоинформационных сил.
Он синтезировал белки,
Мир изменяя ликом мысли…

  *Дьявол:*
Деяния так далеки
От сотворенных сводов жизни.
Не соблюдая в Мирозданьи
Геоструктурный резонанс,

Нарушил темпом созиданья
Экологический баланс.
Стезей безумного подхода,
Что злые мысли обрели,
Из Жизни сотворил урода,
Переиначив лик Земли.

*Праведник:*

Он медицину изощряет,
Свои болезни победив,
Когда духовно постигает
Энергетический массив.

*Дьявол:*

Ошибочность народ обрел
В «высоконравственной науке»,
Наделавшей немало зол,
Дарящих тягостные муки.
Избрали вы такой актив,
Который познается легче,
Хотя, недуги излечив,
Строенье органов калечишь.
Творя тотальное влиянье
На уникальный организм,
Врачи, улучшив состоянье,
Вам укорачивают жизнь.
Воздействуя альтернативно
На генетическую нить,
Они творят оперативно,
Где можно Словом исцелить.

*Праведник:*

Они залечивают раны
У заболевшего народа

И убирают те изъяны,
Которые дала Природа.
Врач применил
          пучковый лазер
Стезею прогрессивных дел
Для микрохирургии глаза,
Коррекцией белковых тел.

*Дьявол:*

Наполнена сознанья чаша
Преображениями века,
Но лечит медицина ваша
Болезни, а не человека!

*Праведник:*

Народ усердие явил
Порывами проникновенья
И мир гармоний сотворил
Многообразьем вдохновенья.
Строенье атома открыл,
Проникнув в тайное начало
Вселенских прогрессивных сил
Природного потенциала.
Он бороздит высоты, воды
И за предел Земли слетал…

*Дьявол:*

Перенимая у Природы
Логический потенциал.

*Праведник:*

Он созиданием велик.
Познав строенье минералов,
Копирует духовный лик

Природных сверхматериалов.
Ведь интегральную науку
Космологически создал...

*Дьявол:*
Являя тягостную муку
Через святой потенциал.
*Ведь цифры —*
       *ключ к разгадкам мира*
*Как информационный шифр*
*Преображения души*
*В универсальности эфира.*
*Тенденцией компонованья*
*Суперсистемы Бытия*
*Они — стези формированья*
*Вселенского развития.*
*Алгоритмическим порядком*
*Являя мирозданный быт,*
*Они — потенциальным ладом*
*Космологической судьбы.*
*Метафизичностью сознанья,*
*Которую Всевышний дал,*
*В энергосфере созиданья*
*Спрягаете весь интеграл.*
*Анализируя циклично*
*Метрический оригинал,*
*Не все используют первично*
*Духовный сверхпотенциал.*
*Все люди, несомненно, сами*
*Являют творческую мысль,*
*Хоть, оперируя вещами,*
*Не знают мирозданный смысл.*
*Одни, постичь Природу чая,*

Преображают Естество,
Вникая в тайное начало
Определения всего.
Вселенная произрастает
Потенциалом перемен,
Где Бытие отождествляет
Энергетический обмен.
*Многоформатное участье
Являет нравственный исток:
С одним беседа — сладострастье,
С другим — губительный поток.
Коль возжелал Гордиев узел
Рубить Дамокловым мечом,
Знай: мир в грехотворящих узах
На сумасбродство обречен.
Ведь происходит так веками,
Что малодушный род людской
Сперва все делает руками,
А после — мыслит головой.
Вселенная переживает
Неадекватный оборот:
Один — нахальством проживает,
Другой — от скромности умрет.
Вняв злодеянию лихому,
В неблагонравственной судьбе,
Чем больше насолишь другому,
Тем будет сладостней тебе.
Ведь злонамеренная нота
На грехотворном рубеже:
Чем больше горя у кого-то,
Тем радостней твоей душе.
На поприще духовной пашни
Стараетесь миры вершить*

*Величьем Вавилонской башни
Своей возвышенной души.
Ничтожностью лихой боязни
Отвергли грехотворный слог,
Воззрев египетские казни,
Которые устроил Бог.
Пресыщенность безмерной властью
Являет действие свое,
Стяжательно-корыстной страстью
Переполняя бытие.
Блюдя греховные законы
Среди порочной суеты,
Чем явишь низменней поклоны,
Тем величавей станешь ты.
Все неустанно возрастают
Разнообразием в мирах:
Одни из праха созидают,
Другие — все стирают в прах.
В интерпретации развитий
Жизнь неустанно сумасбродит
Структуризацией событий,
Где все стихийно происходит.
Ты, над созданиями горбясь
Трудом сознанья одного,
Сегодня позабудь про гордость,
Чтобы добиться своего.
Все изощряются спесиво
В преображении грехов,
Являя яростною силой
Потоки искрометных слов.
Творя благословенным смыслом,
Ты не свернешь житейских гор,*

*Являя истинные мысли,
Как остроумный Пифагор.
Подобно жуткому фантому,
Неблагонравственно у всех,
От дела малого — к большому
Произрастает злобный грех.
Все пагубностью промышляют,
Ведь жизнь — кругом на воре вор,
И каждый рьяно обещает
Величие алмазных гор.
От честного — лихая убыль,
Ведь совестью не проживешь,
Коль дело сделаешь на рубль —
Тебе заплатят медный грош.
Хоть ты в осмысленном порядке
Слагаешь жизни архетип,
Но не найдешь ключа к разгадке
Миров, задумчивый Эдип.*

### Праведник:

Универсальное сознанье
Биологических существ
Разнообразит созиданье
Преображением веществ.
Одни творят не ради славы
Открытий благодатный свет,
Другие — низменно, по праву,
Добро их обратят во вред.
Высоконравственностью цели
Неиссякаемых блаженств
Наш мир — прообразом модели
Универсальных совершенств.
Жизнь уникально созидает

Всесилием священных нот
Там, где создание являет
Логически-духовный код.
Преображением сознанья
Рождается благая мысль…

*Дьявол:*
Что в кулуарах Мирозданья
Теряет изначальный смысл.
На изменяющемся фоне
Ослабевает Естество…

*Праведник:*
Порою дело не в объеме,
А в энергетике его!
Один поточностью являет
Труды серийные, пока
Другой за всю жизнь сотворяет
Шедевр на долгие века.

*Дьявол:*
Возьми могущества копье,
Покинув пагубный застенок,
Чтобы деяние твое
Приобрело другой оттенок!
Ты был когда-то
            слишком сильным,
Являвшим жизненный исток,
Творя невежеством обильным
Уничтожающий поток.
В энергетической тени
Земля бытует из расчета,
Что все космические дни
Являются стезей отсчета.

*Праведник:*

Земной универсальный мир,
Благоговением объятый,
Имеет свой ориентир
И четкие координаты.

*Дьявол:*

Ориентиры не точны,
Всегда указывая дальше
На то, как в сумерках ночных
Их базы затерялись в фальши.
Но стоит только одному
Нарушить целостность гармоний,
Как быть Вселенной посему
В пылу космических агоний,
Ведь жизнедейственность сама,
Устав от бедственных просчетов,
Тайком заимствует ума
У мудрецов и звездочетов.
Стезей отверженной своей
Твоя мечта в неволе стынет.
Как посвященный Моисей,
Бредешь по мировой пустыне.

*Праведник:*

Но все же он привел тогда
Народ свой в край обетованный…

*Дьявол*
*(про себя):*

Неблаговидные года
Явили опыт нежеланный.

*(вслух):*
Когда духовное стремленье
Наполнит немощную плоть,
Тогда является прозренье,
Чтоб обреченье побороть.
Был ты сознанием моложе —
Не шел порочности вразрез…

*(про себя):*
Орешек тверденький, но все же
Есть уязвимость, Ахиллес!

*(вслух):*
Ты не найдешь
           достойный выход
Нигде, никак и никогда.

**Праведник:**
Но прошлое — моральный вывод…

**Дьявол:**
Зато грядущее — мечта!
Природа сотворяет смело,
До эмпирического вплоть,
Чтобы все то, что око зрело,
Могла прочувствовать и плоть.
*Лихими таинствами люди
Всегда пытаются гадать,
Стремясь определиться в чуде,
Чтобы грядущее понять.
Когда языческие боги
Пленяли мрачные умы,
Тогда духовные чертоги
Являлись из порочной тьмы.*

*Пришли сакральные гаданья
На помощь жизненным делам,
Магические заклинанья
И предсказанья по рукам.
Всесилье этого процесса,
Явившее оккультный лик,
Слыло магическою мессой,
Где дьявольский вторил язык.
Вняв исторической морали,
Вселенской мудрости исток
Жрецы Египта передали
Всем через карточный порок.
Космологическим деяньем
Является земная жизнь,
Что человеческим сознаньем
Меняет быта рубежи.
Когда жрец дерзостному Гаю
Поход сулил за Рубикон…*

### Праведник:

Я Цезаря не порицаю,
Хотя ошибся явно он.
Ему оракулы однажды
Определили бытие…

### Дьявол:

Известно, в прорицаньи каждом
Есть искажение свое.
Зачем держать себя в узде
И Господа наивно слушать?

*Праведник:*

Но льву ли спорить о воде
Или киту судить о суше?
Теперь уверенность моя
Стремится к здравому рассудку.

*Дьявол*
*(про себя):*

Но все равно заставлю я
Тебя плясать под злую дудку!

*(вслух):*

Когда считаешь, что наступит
Благословенный Ренессанс,
Тогда пусть мысль твоя приступит
Творить логический баланс.
*Душа — потемки. Так обидно,*
*Хоть каждый истинно поймет,*
*Что изнутри фасад не виден*
*И ведь равно — наоборот.*
*Противоречия увяжет*
*Явивший наглые черты:*
*Никто так о тебе не скажет,*
*Как это сможешь сделать ты!*
*Теряете, безумно ссорясь,*
*Переиначивая быт,*
*В погоне за деньгами — совесть,*
*В борьбе за власть — душевный стыд!*

*Праведник:*

Один благословенным смыслом
Творит добро для всех людей,
Другой — дерзает из корысти,
Прикрывшись маскою идей!

Являя жуткие каноны
В лихих безнравственных мирах,
Твои драконовы законы
Преображаются во прах.

*Дьявол:*
Непримиримая обида
Целенаправленно вершит
Созданьем пагубного вида
Благонамеренной души.
Хоть ты преображаешь явно
Высоконравственный контраст,
Но он ведь для тебя подавно,
Как изнурительный балласт.
Живя своим духовным кругом,
Являешь исповедь о чём?

*Праведник:*
Палач не может стать хирургом,
Как и целитель — палачом.

*Дьявол:*
Ты, вероятно, дел немало
В историю Земли вписал.

*(про себя):*
Всегда духовное начало
Сулит трагический финал.

*(вслух):*
Любой нелепо сумасбродит,
Благодеяния губя…

*Праведник:*
Проникновенностью приходит
Познанье самого себя!
Здесь разграничить четко надо
Универсальный склад умов,
Ведь каждому святая правда
Преображает свод основ.
Любой по-своему увидит
Того, кто Истину твердит:
Глупец его возненавидит,
А мудрый — поблагодарит.
Ты разрушаешь Естество,
Как смертоносная отрава,
А я из духа своего
Взрастаю благородным нравом.
Желаю Истину явить
Метаморфозой аллегорий…

*Дьявол:*
Вовеки не соединить
Все, что произрастает в споре.
Ведь только время зря теряешь,
Надеясь, веря и любя,
Когда духовно созидаешь
Преображением себя.
Переосмысливая сферу
Высоконравственной мечты,
Преобразовываешь меру
Неотразимой красоты?

*Праведник:*
Разнообразными грехами
Ты разжигаешь злой пожар…

*Дьявол*
*(про себя):*

Вода, уничтожая пламя,
Частично переходит в пар!
Ты стал немерено умнее,
Духовно изощряя речь.

*(вслух):*

Решайся разумом скорее
Благословение отсечь!
Я предлагаю дерзкий сговор,
Дающий мирозданный смысл.

*Праведник*
*(про себя):*

Так неблагоразумный говор
Ничтожит праведную мысль.

*(вслух):*

Грехотворящий интерес
Многообразие итожит...

*Дьявол:*

Благонамеренный прогресс
Непонимание умножит.
Ты вник в Божественную суть
Духовной сферой подсознанья.

*Праведник:*

Логический Вселенский путь
Проложен силою познанья!
Бывает разных состояний
Реликтовое Естество...

*Дьявол:*

Здесь все зависит от деяний,
Преображающих его!
Народы олицетворяют
Вселенский жизненный предел,
Где души несомненно знают
О важном назначеньи тел.
Но зачастую сущность спора
Космологических дилемм
Решает яблоко раздора,
Явившее мораль проблем.

*Праведник:*

Желаешь Истину прочесть,
Когда удел твой незавиден.
*Эфир вселенский в мире есть,
Хоть человеку он не виден.
Стезями жизненных вершин
Преображая все деянья,
Метафизически вершит
Полифонией Мирозданья.
Он знает каждую деталь
Космологических теорий,
Дифференцируя мораль
Благословенных аллегорий.
Его астрально вещество,
Где мыслеформа растворится,
И наполняют Естество
Элементарные частицы.
Он генерациями лет
С многообразием инерций
Преобразовывает свет
Потенциалами энергий.*

Неповторимость созиданья
Преображается сполна!

*Дьявол:*
Мораль зависит от признанья,
Чем обусловлена она!
Греховный облик не зловещ,
Реальность властна измениться,
Ведь актуально можно вещь
С различных показать позиций.
Всегда объемные фигуры
Вселенского развития
Имеют разные структуры
В энергосфере Бытия.
Ты в трансцендентности витаешь,
Наивно веря небесам,
И сук, на коем восседаешь,
Неутомимо рубишь сам!
Духовно глубоко обрел
Ты обезличенную веру,
Но праведности не нашел,
Познав Божественную сферу.
Твое решенье слишком скупо,
Отчаянный анахорет,
Ведь как бы все
           не вышло глупо,
Самонадеянный Харет.
Вы пресмыкаетесь убого,
Не понимая одного,
Что только просите у Бога,
Не сделав в жизни ничего.
Ты к созиданью безучастен
Непогрешимостью своей,

Стезей душевного несчастья
Отождествляя скорбность дней.
Желанья радости увяли
От безысходности мечты,
Что смыслом жизненной морали
Лелеет образ красоты.
Ты все надеешься на чудо,
Как обезумевший пиит,
Но ведь не вырваться отсюда —
Рожденный ползать не взлетит!

*Праведник:*

Преображением основ
Мне Истину найти охота!

*Дьявол*
*(про себя):*

Еще немало простаков
На свете, кроме Дон Кихота!

*(вслух):*

Знай: первый не всегда кумир,
Пресытившийся жизнью вволю,
Хоть, открывая новый мир,
Он львиную хватает долю.
Путь первых тягостно томим,
Являя дерзкую октаву.

*Праведник:*

Порою смельчакам сиим
Мгновения даруют славу.

*Дьявол:*

Покорные лихой судьбе
Всегда из побуждений чистых
Дают убить себя толпе,
Спешащей за поживой быстро.
Их всех преследует беда,
Гнетет жара, секут метели,
И жизнь, бесспорно, не всегда
Дает им то, чего хотели.
На опрометчивых страстях
Творятся вечные морали,
Народ пирует на костях,
Не зная, как героев звали.
Вершатся явные событья
Величием всемирной нивы,
Где смельчакам —
             триумф открытья,
А остальным — раздел наживы!

*Праведник:*

Где выдох сменит фазу вдоха
И ночь приходит после дня…

*Дьявол:*

Ты в ожидании подвоха
От благосклонного меня?

*Праведник:*

Трезвонит пагубность в ушах,
Являя низменные лица…

*Дьявол:*

Чем тверже отбиваешь шаг,
Тем вероятней оступиться!
Вкусив божественного хлеба
В космологической дали,
Ты ревностно глядишь на небо,
Не ощущая твердь земли.

*Праведник:*

Как ты меня уже измаял
В своей сценической игре.

*Дьявол:*

Каштаны зацветают в мае,
А плодоносят — в сентябре.
Всесилием потенциала
Ты должен истину извлечь,
Что в пережарке проку мало,
Но властны сырость мы допечь.
Благословением правдивым
Деянья мудрые твори:
Желая сделать плод красивым,
Искусно корень удобри.

*Праведник*
*(про себя):*

В духовной жизненной главе
Все происходит постепенно.

*(вслух):*

Мечты роятся в голове,
Преображаясь вдохновенно.

*Дьявол:*

Бывает, время потрясений
Творит плеяды перемен,
Где годы мрачных наваждений
Являют смертоносный тлен.
И вынуждены будут люди
Идти в чужбинные края,
С духовным помыслом о чуде
Творить систему Бытия.
Они в Божественном эфире
Прискорбно проживают век,
Ведь в изменяющемся мире
Так беззащитен человек.
Явив участие лихое,
Кляня суровую беду,
Блуждают люди, как изгои,
В надежде отыскать еду.

*Праведник:*

Бывают годы невезенья,
Как смерчи посреди степи,
Что рушат жизненные звенья
Биологической цепи.
Народы, звери и растенья
На энтропийном рубеже
Воспроизводят поколенья…

*Дьявол:*

Преображенные уже!
Все жизненно оскудевает,
Являя бесконечный спор
Там, где Природа затевает
Творить естественный отбор.

Столетиями изменяя
Энергосферу Бытия,
Космологически являет
Критерии развития.
Неутомимостью миграций
Она, бедою на челе,
Гоняет разноличье наций
По многоплановой Земле,
Где с измененьем комбинаций
Энергетических основ
Творятся циклы трансформаций
Метафизических миров.

*Праведник:*
В духовном жизненном начале
Планета — благодатный рай.

*Дьявол:*
Чужбина — неприятный край,
Исполненный лихой печали.
Но преднамеренно бывает,
Что пришлый обживает дом
И демоническим вредом
Его хозяев изгоняет.
Бытуют все законом волчьим,
Своим безнравственным умом,
Где от коварности порочной
Вам на добро ответят злом.
Ведь обитанья ареал
Есть у любого организма,
И кто от зла не убежал —
Своею поплатился жизнью.
Неоспоримо, полноправным

Является всевластный вид,
Ведь однозначно будет славным
Тот, кто сегодня победит.
Борцы свои ломают кости
Среди ликующей толпы,
Чтобы неистовые гости
Им раззадоривали пыл.
Они находятся на грани
Немыслимо сумбурных дел,
Не зная разумом заранее
Исхода обреченных тел.
Они везде готовы к бою,
Преодолев душевный страх,
Но у правителей порою —
Марионетками в руках.
Звенят кощунственные струны,
Взывая яростно смотреть,
Как озверевшие трибуны
Приветствуют шальную смерть.
Давай логически рассудим
О психологии сполна:
Одно убийство все осудят,
Но ведь оправдана война.
Пусть оседают легионы
За злодеяния во прах,
А цезари, наполеоны
Сияют славою в мирах?

*Праведник:*
Среди коварства злобных туч
Является блаженство веры…

*Дьявол:*

У Мирозданья каждый луч
Творит спектральные манеры.
Определения не вещи
Контрастной жизненною сферой.
Порою к уникальной вещи
Подходят с разноликой мерой.
На нравственном потенциале
Мы убеждаемся вполне,
Что дух витает в идеале,
А жадность — грезит о цене.
Одни немыслимо правдивы
Проникновенностью своей,
Вторым — обилие наживы
Отождествляет культ вещей.
Но если к образам контрастным
Относятся с лихой душой,
Тогда и к безделушкам разным
Подходят с мерою одной.

*Праведник:*

Гармония святого тона —
Великолепию сродни,
Но все зависит и от фона,
Который обрели они.

*Дьявол:*

В грехопаденческой отраве
Ложь с Правдою не различишь,
Когда алмаз в плохой оправе
И впаян в золото голыш.

*Праведник:*
Стези познанья не слепы,
Чтобы прозрением явиться.

*Дьявол:*
Не уколовшись об шипы,
Желаешь розой насладиться?
С проникновенною культурой
Стремишься праведностью жить,
Чтобы духовною натурой
Себе бессмертье заслужить?
Не всякий, осознав ошибки,
Любовь Всевышнего снискал.

*Праведник*
(про себя):
У обходительной улыбки
Ошеломляющий оскал!

(вслух):
Твои теории не прочны
Среди логических помех.
С рожденья люди непорочны,
Но их преображает грех.
Они насмотрятся, как алчность
Порабощает злобный мир,
И в них заполыхает жадность,
Являя вакханальный пир.
Ничтожатся лихие души
Да разрушаются тела,
Когда зло нравственность
                        нарушит,
Творя коварные дела.

*Дьявол:*

Все Мироздание порочно,
Ведь то, что пагубность дает,
Вошло невероятно прочно
В ваш ежедневный обиход.
Всесильем истинного смысла
В судьбы критический момент
Всевластно управляет жизнью
Бесчестности эквивалент.
*Вас зависть мрачно заполняет
Ошеломлением своим
И полоумием буяет,
Неугомонностью лихим.
Она грехотворящей властью
Сулит коварную беду,
Неистово-бесовской страстью
Преображаясь в злом бреду.
Неукротимостью стремленья
Своих кощунственных идей
Являет пагубные рвенья
У злонамеренных людей.
Непререкаемо жестоко
Целенаправленно вершит
Неумолимостью порока
В грехопадении души.*
Все однозначно переменно,
Как ты на сущность ни смотри.
За грош не совершишь измену,
А вот за два или за три?
Ведь в жизненной
               контрастной сфере,
Что Мирозданием вершит,
Бытует низменный критерий

Грехопадения души.
Я объясню природу вашу
Весами мудрости благой:
Чем больше страстью
                полнишь чашу,
Тем меньше совести в другой.
Стяжательства лихой исток
Сознание коварно рушит.
Дай честным золота кусок —
И все друг друга передушат!
Достоинства вмиг убывают,
Когда в душе буяет страсть,
Которую преображают
Богатство, первенство и власть!
Кто сводом истин верховодит,
Тот сбросит тяжести вериг.

*Праведник:*

Один всю жизнь в трудах проводит,
Другой — берет богатства вмиг?

*Дьявол:*

Ты размышляешь беспристрастно,
Но действовать не торопись,
Ведь в людях кроется всевластно
Неугомонная корысть.
«Друг» снисходительно поможет,
Но лишь расплаты час придет —
Он скрупулезно все умножит
И десять шкур с тебя сдерет.
Он так придумает, конечно,
Коварной алчностью влеком,
Чтоб ты влачился безутешно

Его вассальным должником.
Взрастает жизнь порочной вязью,
Преображая так следы,
Чтоб ты, облив соседа грязью,
Сухим явился из воды!
Все люди низменно прислужны,
Обожествляющие лесть,
Ведь если им чего-то нужно —
Они готовы в душу влезть.
Бытуя изощренным ладом,
Эгоистичностью вершат,
А коль тебе подмога надо —
Они на помощь не спешат.
*Ложь, созидание нарушив,
Преображается сама,
Наполнив яростную душу
Всем ухищрением ума.
Она в народе популярна,
Творя неистовый уклад,
И демонически коварна,
Являя жизненный разлад.
Всесильем преобразованья
Она преобладает в вас,
Подстроив сферы Мирозданья
Под негативный диссонанс.
Давай логически обсудим
Предположение о том,
Кем был неистовый Распутин...*

*Праведник:*
Нечистым в облике святом!

*Дьявол:*

Но как сумел искусно души
Он царские расположить
К тому, чтобы покорно слушать
О том, как в Мирозданьи жить!
Творя судьбы переплетенья
В дилеммах жизни и любви,
Создал методику правленья
Недальновидными людьми.
Всесильем мощного влиянья
Его ума потенциал
Все нерадивые созданья
Беспрекословно подчинял.
Войдя премудростью в доверье,
Себе всевластье заслужил,
Пред ним все открывались двери
В том мире, где он страстно жил.
Ведь лицемером слыл отличным,
Добившись правящих вершин.

*Праведник:*

Лукавый, таинством двуличный,
Пленяющий чертог души.

*Дьявол:*

Увидев «светлое деянье»,
В котором «праведность» видна,
Вмиг под Распутина влиянье
Попала целая страна.
О нем тогда молва ходила,
Что он сознанием велик,
Хоть демоническая сила
Порочила духовный лик.

Но, наряду с дурною славой,
Был историческим удел,
Ведь всемогущею державой
Он верховодил, как хотел.

*Праведник:*

Ты риторически умело
Теорию грехов создал.

*Дьявол:*

В алмаз запаянное тело
Видоизменит весь кристалл.
Нарушив сеть соединений
Структурных мирозданных норм,
Создастся ложность отражений
Физических контрастных форм.
Теряя истинную базу,
Все поэтапно, не спеша,
Изменит жизненную фазу,
Преображение верша.
Пока формация творится,
Являя деструктивный путь,
Элементарные частицы
Переиначивают суть.

*Праведник:*

Твой ум коварность заполняет
Из сумасбродства одного.

*Дьявол:*

Скажи, кто четко выполняет
Седьмую заповедь Его?
Бывают грешные помехи
В благонамеренном звене,

Ведь честные мужья утехи
Находят лишь на стороне.
Супруг неоспоримо нужен,
Чтоб слушать поучений шквал,
И в мире нет такого мужа,
Который бы не изменял!
Мужьям милее перемены
Стезями грехотворных дел,
Неумолимостью измены
Насыщенных страстями тел.
Неугомонною душою
Возжаждав сладостных утех,
Бесспорно, каждый сутью злою
Творит прелюбодейный грех.
Приходит муж домой, и дальше
Его нелепый говор лжив —
Интерпретациями фальши
Логических альтернатив.

*Праведник:*

Возможно, поздно или рано
Приходит истинный черед,
Где с обнажением обмана
Переосмысленье грядет.

*Дьявол:*

*Благая чувственность в манере
Преображается сполна
В неистово-ревнивой сфере,
Которая в душе видна.
Она буяет жуткой злобой,
Как распаляющийся жар,
Разбесновавшейся утробой
Взгорая яростный пожар.*

*Являя страстное смятенье
Неблаговидных перемен,
Вмиг нагоняет помраченье
При появлении измен.
Она вас разъяряет вздорно,
Так что в ней ненависть видна,
И возбуждает ум бесспорно,
Хмельней игривого вина.
Она — с неистовостью злою
В перекипающей крови
Является лихой порою
Преображением любви.
Пылая непомерно страстно,
Всецело защищая честь,
В вас зарождается всевластно
Ошеломляющая месть.
Ее умышленно являет
Налитый пагубностью час,
Что демонически буяет,
Беснуясь неуемно в вас.*
Все изнывает злобной новью:
Кто был любимым,
     ныне — враг.
Меж ненавистью и любовью —
Один неосторожный шаг.
Души вселенская структура
Земной осваивает путь,
Где многогранная натура
Меняет жизненную суть.

  *П р а в е д н и к :*
Но существует сила света,
Что с верностью обручена!

*Дьявол:*
Твои Ромео и Джульетта —
Воображение ума.
Любовь —
      тенденция обманов,
Неподражаемый подлог,
Болезнью страстных донжуанов
С иллюзией, что дарит Бог.
Она — палач, святая жертва,
Хитропремудра и глупа,
Высоконравственная мера,
Поработитель и раба.
Лихая сила искушенья
Морально-жизненных основ,
Дающая пути лишенья
Для человеческих умов.
Благоговениями мыслей,
Проникновенностью сердец
Являет откровенье смысла
Как созидающий творец.

*Праведник:*
Адама вылепив из глины,
Бог Еву из ребра создал…

*Дьявол:*
И как святые половины
Людей по миру разбросал.
Чтобы всегда
      найти друг друга —
Дух провидением ведом.

*Праведник:*
В дилемме жизненного круга
Вопрос решается с трудом!
Проходит времени немало
От юношества до седин.
Кому судьба любви не дала —
Тот коротает век один,
А кто в иллюзиях витает
Определенья своего...

*Дьявол:*
Но время облики меняет,
Преображая естество.
Жизнь пролетает скоротечно
Растратой благодатных сил.
Быть молодым
             не сможешь вечно,
Как бы у Бога ни просил.
Пока ты устремленьем сильный,
Будь непреклонным потому,
Что лишь сгустится
             мрак могильный —
Не станешь нужным никому.
Своей дряхлеющей структурой
Тебе не искушать сердца,
Когда почувствуешь натурой
Приход фатального конца.
Интерпретациями смысла
Перерождается любовь
В сияние вселенских мыслей,
Теплящих старческую кровь.
*Но женщины всегда хитрее*
*И безупречно хороши,*

*Чтобы пленять умы скорее
Неотразимостью души.
Обманут простаков пристрастно
И предъявляют дерзкий счет,
Ведь доминирует всевластно
Целенаправленный расчет.
С лихой коварностью пантеры
Преображаются во зле,
Живя натурою химеры
На многоплановой земле.
Усладной страстью обживают
И, злодеянья совершив,
Неистово порабощают
Глубины любящей души.
Приоритетом искушенья
Неблагонравственной крови
Для них вы — жертвоприношенье
Благонамеренной любви.
Неумолимостью позора
Они уничтожают вас,
Являясь яблоком раздора
В судьбою обреченный час.
Влеченье сумасбродной страсти
Переполняет вашу плоть,
И разум не имеет власти
Свои грехи перебороть.
Живут без совести и чести
Хитросплетением интриг,
Раскладывая сети лести
Для нужд изысканных своих.
Буяя пылкими страстями,
Деянья гнусные творят,
Безмерно жуткими путями*

Давая смертоносный яд.
Чрезмерной хитростью сознанья,
Сгорая в алчности хмельной,
Они являют Мирозданье
Своей натурою лихой.
Их прихоти не стоят жизни,
Ведь ум их слишком недалек,
Пируют на греховной тризне,
Увидев однозначный прок.
Они приносят злые беды
И ужасы кровавых войн,
Где, одержав триумф победы,
Являют пагубный резон.
Они живут в желаньях низших,
Хранящих дьявольский уют,
Где на пирах сердца любивших
Им неустанно подают.
Их разум заполняет зависть,
А души — скверная тоска,
Где демоническая завязь
Преображается века.
Любая на богатства метит,
Желая получить надел
От тех, кто похотливо бредит
Объятиями пылких тел.
А вы, увидев злые цели,
Порывом подвигов своих,
Разгадывая суть интриг,
Спешите к смерти на дуэли.
Неутомимо разъедают,
Как ржавчина тугую сталь,
Когда елейными бывают,
Являя гнусную мораль.

Как разоренные изгои,
Летите в низменную грязь,
Когда, поработив святое,
Уничтожают вас смеясь.
Дилеммой жизненного круга
В неистово порочный час
Натравливают друг на друга,
Коварно перессорив вас.
А сколько пагубно распятых
Талантов на крестах судьбы,
Отверженных, нагих, проклятых,
Что были как любви рабы?
Вас доведя до исступленья
От первородного греха,
Напутствуют на преступленья
Супротив Божьего верха.
А сколько, их познав на шкуре,
Гниет в пристанищах могил,
Где рок доверчивой натуре
Финал трагический явил!
Так низвергаются кумиры,
Где демоническая цель
Зовет неистовостью мира
В измятую грехом постель.
Высоконравственностью смысла
Клянутся преданно любить,
А сами неустанно мыслят,
Как бы тебя вмиг погубить.
Вы жаждете сознаньем пылким
Являть красноречивость слов,
А женщины творят копилки
Из гениальнейших голов.
Законы Бытия нарушив,

*Переиначив весь удел,
Порабощают хитро души
Погибелью духовных дел.
Творя коварную измену,
Когда сполна истрепят вас,
Находят быструю замену
В судьбою обреченный час.
С негодованьем изуверским
Все злодеянья совершив,
Плюют на вас
      с презреньем мерзким
Лихой коварностью души.
От низконравственных подходов
До демонических основ
Они ждут верных донкихотов
В объятиях у казанов.
Внедряя в страждущую душу
Уничтожающий балласт,
Любая личность вмиг разрушит
И демонически предаст.
У них бесовская удача
На пагубность фатальных лет,
Лихой душой смеясь и плача,
Вас провожают на тот свет.
Судьба, иллюзией балуя,
Преображение вершит,
Когда блаженство поцелуев
Выходит горечью души.
Грехов коварные пожары
Вам злодеяния творят,
Когда любовные нектары
Забродят в смертоносный яд.*

*Являете святые мысли
Благословением в веках,
А женщины коварным смыслом
Уничтожают все во прах.
Бесовской силой наважденья
Наполнив чувственный уют,
Для них — вершина наслажденья,
Когда вас режут или жгут.
Благоговением объяты,
Явив духовный архетип,
Живут премудрые сократы
Под управлением ксантипп.
Ох, прихотливыми бывают,
Увидев денег оборот,
Зло — помнит, благо — забывает
Их демонический народ.
Преображается греховно
Неукротимостью измен
Их суть, рожденная духовно
Стяжать материальный тлен.
В неугомонной круговерти
Вы лезете в лихую пасть,
Почувствовав дыханье смерти,
Являющее злую страсть.
Они грядою вожделений
Идут по вашим черепам,
Из сумасбродных побуждений
Устроив пагубный бедлам.
Когда богатств извечно мало
И ненасытна плоти страсть,
Знать, обходительность попала
Под обольстительную власть.*

*Они буяют откровенно*
*Неугомонностью крови,*
*Чтоб вы являлись вдохновенно*
*Рабами жертвенной любви.*
*В могуществе высоких санов*
*Не все дожили до седин,*
*И вы неумолимо рьяно*
*Клянете подлых мессалин.*
*Являете благие тропы*
*Благословением идей,*
*А ваши жены-пенелопы*
*Боготворят других вождей.*
*Коварным яростным обличьем,*
*В неутомимости услад*
*Взирают с жизненным величьем,*
*Меняя сумасбродный лад.*
*Соблазна грешная натура*
*Сражает естество мужчин,*
*Когда летит стрела Амура*
*В сердца на яростный почин.*
*Лихие жизненные споры*
*Являют пагубный резон,*
*Когда шальные феодоры*
*Восходят хитростью на трон.*
*Коварно в души заползают*
*Неблаговидностью натур*
*И обреченно подставляют*
*Убийству силовых структур.*
*Тут, как душою ни вертите*
*В судьбою выстраданный час,*
*А повсеместно нефертити*
*Пленяют красотою вас.*

В железном чувственном капкане
Зажав доверчивость сердец,
Они вас на лихом аркане
Ведут убойно под венец,
Где окольцованы позором
Необратимо, навсегда,
Твердите смертным приговором
Свое пожизненное «да».
Судьба терзаньями испита,
Явив фатальный вариант,
Когда ярмом лихого быта
Ничтожится святой талант.
В кошмарно
      смертоносных видах,
У жутких обреченных лож
Они ждут ваш летальный выдох,
Чтоб начать денежный дележ.
Неутомимо сумасбродят,
Приемля адскую печать,
Всегда безвинными выходят,
А вам — придется отвечать…
Миротворение ничтожа,
К грехопаденью своему,
Глаголят низменною ложью,
Чтобы отправить
      вас в тюрьму,
Где подоплекой злодеянья
Являя хитроумный смысл,
У вас отнимут состоянье,
Чины, регалии и жизнь.
И вы, истерзанные мыслью,
В неистовую круговерть,

*В безумной грехотворной тризне
Зовете яростную смерть.
Все вы, могучие титаны,
Не видя будущий позор,
Спешите им поведать тайны,
Себе слагая приговор.
От них безумия не чаешь,
Вовек предательства не ждешь,
Но ведь когда не замечаешь,
Они вонзают в душу нож!
Им лишь вручи всесилье власти,
Где жизнерадостный уют,
Они вас разорвут на части
И в прах постыдный перетрут.
Позорным жизненным уделом
Неблагонравственных искусств
Они торгуют грешным телом
С усладной низменностью чувств.
Так, демонически спесиво,
Внемля неистовым речам,
Бросают молодых, красивых,
Сбегая к старым богачам.
Коварной страстью наполняют
И, злодеянья совершив,
Всех обреченно низвергают
С великих жизненных вершин.
Ошеломляющие виды
Буяют яростью своей,
Когда со зла семирамиды
Казнят доверчивых мужей.
Они коварно сумасбродят
Неугомонностью вреда,
От дел великих вас уводят*

*Необратимо, навсегда.
Они, рожденные увидеть
Миры Божественным лицом,
Заставят вас возненавидеть
Своих друзей и мать с отцом.
Страстями дерзкими буяют,
Преображением основ
Орлов могучих превращают
В покорных тягловых ослов.
Великолепные мадонны
Деянья подлые творят,
Их лица — светлые иконы,
А души — беспросветный ад.
Бессмысленностью отреченья
Работы творческих ночей
Идут стезею обреченья
Для топки кухонных печей.
«Вы воздаяния хотели?
За похоть — жизнями плачу», —
Когда вас прямо из постели
Отправят мигом к палачу.
Они с талантами не ладят,
Творить свободно не дают,
Пока вас в тюрьмы не посадят
Или преступно не убьют.
Всесилием коварной меты
В неистовую круговерть
Творят безумные сюжеты,
Несущие позор и смерть.
Неутомимыми грехами
Вершат, сознание губя,
Так что вы долгими годами
Не можете прийти в себя!*

*Все эксцентричные желанья,
Где сатанинская печать,
Как роковые указанья,
Летите мигом исполнять.
Их счастье — это беды ваши,
Цветенье — ваш кошмарный тлен,
Они, испив из грешной чаши,
Живут проклятием измен.
Вы обреченностью участья
Высоконравственных потуг
Барахтаетесь в путах счастья,
Как в паутинах у сольпуг.
Коварной злобой сумасбродят
В немыслимо фатальный час,
До сумасшествия доводят,
Уничтожая глупых вас.
За наваждение лихое
Неоспоримых перемен
Всегда поверженные трои
Клянут неистовых елен.
Но жизнь, усердствовать не смея,
Ошеломляющей судьбой
Глядит на то, как Саломея
Идет с Крестителя главой.
С неистовостью жуткой страсти
Является шальная мысль:
Как бы присвоить скипетр власти
И уничтожить вашу жизнь?
Коварной мудростью владеют,
Меняя низменный контраст,
Лихой душою сатанеют
При виде сказочных богатств.
Законы Жизни попирая,*

*Вам зло намеренно творят,
Подняв вас на вершины Рая,
Чтобы затем низвергнуть в ад.
Неистовостью злобной мысли
В судьбою выстраданный час
Доводят до самоубийства,
Изрядно опорочив вас.
И вы, беспутностью реченья,
Душой сведенные к нулю,
С безумной силой обреченья
Проклятьем лезете в петлю.
Сгнивает чувственное семя
От обреченности своей,
Когда безжалостное время
Голубок обратит во змей.
Их изощренные манеры —
Коварностью лихой игры,
Где страсть являет роль гетеры
В пристанищах ночной поры.
Они преследуют с азартом,
Как наваждение ворожбы,
Тенями рока, битой картой
В фатально жуткий час судьбы.
Из глаз блеснет пристрастный луч,
Пройдет эмоций перекличка,
Ведь нужен к сердцу чувства ключ
Или коварности отмычка.
У них всевластная зацепка
Для нерадивых дураков:
Вползают в ваши души цепко
Обманчивой игрою слов.
Вас сумасбродно растлевают
Коварностью своих затей,*

*Когда елейными бывают*
*Или неистовее змей.*
*Как ненасытные горгоны,*
*Окутывают злом страстей,*
*Но создают пигмалионы*
*Своих прекрасных галатей.*
*А все «творения» веками*
*Пределом жизненных искусств*
*Творцов преображают в камень*
*Надменной пагубностью чувств.*
*Всесильем злобного участья*
*Идут плеяды перемен,*
*Когда святые крылья счастья*
*Перерастут в рога измен.*
*Корыстью жуткой промышляют*
*И нерадивостью лихой*
*На гибель вас благословляют*
*Петлею, Черною Рекой.*
*Являют грешные изъяны,*
*Чтобы проклятием веков*
*Гноились чувственные раны*
*От подлых дел и ложных слов.*
*Найдут «изысканное» место,*
*Где тяжесть бытовых вериг*
*Вас разминает, словно тесто,*
*Для повседневных нужд своих.*
*Преобладает так умело*
*Душевный прихотливый сказ,*
*Когда буяют страсти тела*
*Под обольщениями глаз.*
*Они стремятся поскорее*
*Пленять страстями глупых вас,*
*Лицом — голубки, сердцем — змеи,*

*Медеи в профиль и анфас.
И вы с безмерною любовью
Спешите их боготворить,
Не зная то, что терпкой кровью
Они начнут жизнь вашу пить.
Всех Время нравственно рассудит
Благословенною судьбой,
Вам показав, какою будет
Жена до старости с тобой.
Вы так желаете им снова
Дарить душевные цветы,
А в их умах уже готовы
Для вас узды и хомуты.
Ведь, как доверчивых животных,
Вас приручая к очагу,
Буяют сонмом чувств вольготных,
Что мыслями игриво жгут.
И в заключенье, если в целом
Итожить этот монолог,
То каждый с пагубною целью
Творит кощунственный подлог.
И после всех внутриутробных
Томлений в животворной мгле
Все ищут место поудобней
Да потеплее на Земле.*

### Праведник:

Ты говоришь о вечном смысле,
Являющем земную жизнь
Интерпретациями мысли
В системе вероломной лжи.
Ведь женщина порочным телом
Мужчину не всегда прельстит…

*Дьявол:*

Пред страстно-грехотворным делом
Никто вовек не устоит.
А может, это Бог нарочно
Соединяет тайно вас,
Чтобы космически всенощно
Взирать на любострастный сказ.
Затем — в священные палаты,
Вздымая на Вселенский Суд,
Вам предъявляет компроматы
Великогрешных плотских пут.
Извечно праведная честь
Во власти яростного мавра…

*Праведник:*

Определенно, выход есть
Из лабиринта Минотавра!
Твои пороки кровожадно
Повсюду извлекают прок.

*Дьявол*
*(про себя):*

Духовной нити Ариадны
Не хватит на один виток.

*(вслух):*

Когда живешь совсем без толку,
Судьбу молитвами губя,
Знай: счастье улыбнется только
Тому, кто любит сам себя.
Твори логический подход,
Благодеянья подытожив,
Корыстолюбьем преумножив
Запретный сладострастный плод.

Грехотворящая среда —
Всесилием нутра шального!
Одно решительное «да» —
И ты — счастливый Казанова!
Тебе сейчас, как никогда,
Должно быть истинно понятно,
Что иллюзорная среда
Исчезнет скоро безвозвратно.
Раскинется контрастный мир
Неповторимыми путями,
Где ты, неистовый кумир,
Упьешься дерзкими страстями.
Блаженство закипит в груди,
Душа пороками прельстится,
Ведь ожидает впереди
Все, чем желаешь насладиться!

*Праведник:*

Как ты привык единство мира
Разграничением дробить!

*Дьявол:*

Универсальностью эфира
Тебе бессмертье не добыть.
Обилием коварных чувств
Перечеркни повиновенье!

*Праведник:*

Чем сладостней вино на вкус,
Тем горестнее отрезвленье.

*Дьявол*
*(про себя):*

Я приоткрою в душу дверцу…

*(вслух):*

*Всесильем чувственных глубин*
*Извечно выступает сердце —*
*Животрепещущий рубин.*
*Оно неистово пылает,*
*Увидев яростную новь,*
*Проникновенно возгорает*
*Благословенную любовь.*
*Оно — космический тонометр,*
*Который носит человек,*
*Энергетический хронометр,*
*Являющий житейский век.*
*Оно — духовный показатель,*
*Что генерацией вершит,*
*Астральный преобразователь*
*Информативности души.*
*Оно — магический советчик,*
*Которого послушать рад,*
*Неподражаемый ответчик,*
*Меняющий душевный лад.*

**Праведник:**

*Духовность — связью с небесами,*
*И водит Бог моей рукой,*
*Чтобы вселенскими словами*
*Струились мысли со строкой.*
*Наполнив злобою эфир,*
*Являешь пагубные споры*
*О том, что разноликий мир*
*Терзают вечные раздоры.*
*Всесилием обетованья*
*Взрастает мировая новь,*

*Где смыслом сосуществованья —
Надежда, вера и любовь.
Здесь сила духа мощью воли
Заставит все преодолеть
В первичной мирозданной школе,
Чтоб благодушие иметь.
Задав логические ритмы,
Бог вдохновение нам дал,
Вложив познанья алгоритмы
В душевный сверхпотенциал.
До первозданного предела
Все осмысление грядет,
Ведь душу познают чрез тело,
Ну а затем — наоборот.
Но ежели мобилизует
Душа потенциалы в нас,
То естество реализует
Энергетический запас.*

Божественное вдохновенье
Проникновенностью своей
Отождествляет посвященье
Высоконравственных идей.
Неоспоримо, повсеместно
Идет логический процесс,
И эту Землю, как известно,
Вселенский охватил прогресс.
Преображеньем созиданья
Творится жизненный исход.

### Дьявол
*(про себя):*

Благоразумие сознанья
Являет пагубный подход.

*(вслух):*
В контрастной жизни,
               неким разом,
Поведаю, коль ты спросил:
Натурой властвует не разум
Посредством прогрессивных сил.
Критериальность постиженья
Скрывается причинно в том,
Что свод великих достижений
Творится не одним умом.
*Страх, демонически буяя*
*В энергоформе естества,*
*Потенциально пробуждает*
*Талантливость у существа.*
*Он, психику поляризуя*
*Преображением начал,*
*Уверенно реализует*
*Ментальный сверхпотенциал.*
*Страх обусловливает в деле,*
*Но, начав вас порабощать,*
*Натужив нервы на пределе,*
*Вмиг заставляет отступать.*
*Он знает полуночный шорох*
*Тембральностью фатальных нот*
*И возгорается, как порох,*
*Бросая плоть в горячий пот.*
*Он заставляет вас смириться*
*Неугомонною душой,*
*Безумно искажая лица*
*От неуемности лихой.*
*Мечты окутывая мраком,*
*Кошмарами гнетет умы,*

*Неистово коварным знаком
Отождествляя силы тьмы.
Смертельный облик
            страстно любит,
О безысходности трубя,
И нервы неустанно губит,
Их постоянно теребя.
Всесилием преображенья
В судьбою обреченный час
Инстинктом самосохраненья
Ничтожность пробуждает в вас.
Запретами себя не мучай!
Получишь истинный ответ,
Что Мирозданьем
            правит Случай
Десятки миллиардов лет.
Умея разум изощрить,
Ты властен всемогущим стать,
Чтобы величественно жить,
Вкушая мира благодать.*

      *Праведник:*
Твои слова — греха искусство,
Неугомонностью дыша,
Переполняют наши чувства,
Которыми вершит душа.
Но если устремленье духа
Проявится в священный миг,
Тогда греховная разруха
Закончит сонмы дел лихих.

*Дьявол:*
*(про себя):*

Порыв эмоций импульсивный
Явил блаженное лицо
В надежде, что ответ наивный
Достоин слова мудрецов!

*(вслух):*

Рассыплется телесный прах
Как одряхлевшая структура,
А с ним — духовная натура —
Колосс на глиняных ногах!
Тебе безвыходно осталось
Жить упоительностью грез,
Являющих кромешный хаос
Из атомов, молекул, звезд.
От изначалия Вселенной
Энергоинформационный фон
Меняет силою священной
Преображение времен.
В полифонии генераций
Космологической межи
Многообразьем комбинаций
Слагается земная жизнь.
Тенденцией ароморфоза
Проходит планетарный век,
Где «светочем апофеоза»
Все разрушает Человек.
Его не выдержит Природа,
Ведь, вникнув в тайны Бытия,
Нарушил схемы генокода
Вселенского развития.
Рожденный пагубное дело

Технологически творить,
Задумал он живое тело
Искусственным преобразить,
Но гибнет от идей своих,
Явив нелепую беспечность,
Отождествив вселенский миг,
Который выражает Вечность.

*Праведник:*

Универсальные сензары
Имеют жизненный исток,
И Мирозданию квазары
Вверяют судьбоносный срок.
Но сколько лет Господь изволит
Нам отпустить — Ему решать.

*Дьявол:*

Простая истина глаголит,
Что от судьбы не убежать.
Хоть в многоплановом эфире
Бытует замкнутость всегда,
Но скоротечно в этом мире
Преображается среда.
Разнообразные сужденья
Творят земную круговерть,
Приветствуя души рожденье,
Разоблачающее смерть.
И хоть интерактивность опций
Имеет жизненный эфир,
Не избегает диспропорций
Противоборствующий мир.
Неоспоримо, повсеместно,
Там, где многоформатный фон,

Бытует, как уже известно,
Космологический закон.
Земля физически черпает
Потенциальные нужды,
И в ее сферу проникают
Метеоритные дожди.
Трансэнергетикой своей
Планета несоизмерима
И гармоничностью вещей
Изысканно неповторима.
Многообразием идей
Являет светлые морали,
Но постижения людей
Творение поймут едва ли.
*Неутомимостью своей
Здесь Время трудится в эфире,
Преображая суть вещей
В противоборствующем мире.
По беспросветности рутин
Оно размеренно струится,
Наслаивая сеть морщин
На изменяющихся лицах.
Оно — лекарство, жуткий яд,
Стезей распада и созданья,
Высоконравственный судья
Многообразья Мирозданья.
Оно — святой потенциал
Энергосферы созиданья,
Вселенский дифференциал
Универсального Созданья.
Многоформатная спираль,
Отождествляющая эры,*

*Непревзойденная мораль
Духовно-симбиозной меры.
Амбивалентная дилемма,
Меняющая Естество,
Универсальная система
Преображения всего.*
Ведь чем невидимей от вас
Потусторонняя астральность,
То люди разумом подчас
Приемлют вымысел за реальность.
Универсальный шар земной
Слагает правила такие,
Как генератор мировой,
Несущий ритмы временные.
Прецессионное вращенье
Энергетической оси
Являет лунное движенье
Посредством центробежных сил.
Планета Солнце облетает
За календарный круглый год
И планомерно сотворяет
Ротационный оборот.
Потенциалом созиданья
Проходит эры торжество
В круговороте Мирозданья,
Где Время рушит Естество.
Вы тлеете теплом свечи
Среди космического мрака,
Где судьбоносные ключи
Скрывают знаки Зодиака.
Они всегда ведут расчеты
Всех дней рожденья и смертей.

*Праведник:*

Неоспоримо, звездочеты
Живут величием идей.
Но изменить миры не властен
Калейдоскоп порочных дел,
Хоть ты греховно соучастен
Оспаривать земной удел.
Ты хочешь изощреньем смерти
Явить иллюзию игры?

*Дьявол:*

Но во Вселенской круговерти
Преображаются миры.

*Праведник:*

Господь священное созданье
Благословенно сотворил,
Премудро заложив в сознанье
Могущество духовных сил.
Настраивая созиданье
Программами вселенских мер,
Он обусловил Мирозданье
Системами энергосфер.
Мы добродетельно живем,
Творя космические фоны,
Ведь в измерении любом
Свои присутствуют законы.
Фундаментальный свод основ
Не может называться лишним,
Когда гармония миров
Задумана самим Всевышним.
Все сотворения Его
Места в системах занимают

И из пространства своего
Вселенский импульс посылают.
Так, в изменяющемся свете
Космологической межи,
Возможно, на другой планете
Сегодня возникает жизнь,
Где в разновидности условий
Энергетической среды
Всесотворяющее Слово
Являет светлые труды.
И мы в духовном созиданьи
Трансгалактической межи
Пытаемся постичь сознаньем
Высокоразвитую Жизнь.
Увидев светочем познанья
Метафизический контраст,
Выстраиваем Мирозданье
Преображением пространств.
Ведь в истинные чудеса
Рождается святая вера,
Где Марс краснеет в небесах,
Когда является Венера.
Юпитер произносит смурно
Свой риторический глагол
О том, что мантию Сатурна
Обвил прекрасный ореол.
Стезей Божественного Света
Произрастает Естество
Там, где вращаются планеты
Вокруг светила своего.
*Лишь побледневшая Луна*
*На мирозданном небосводе*
*Космологически одна*

*Владенья тайные обходит.*
*Ее проникновенный свет*
*Влюбленным нагоняет грезы,*
*И много миллионов лет*
*Над нею воспаряют звезды.*
*Она в животворящей мгле*
*Плывет по миру горделиво,*
*На кристаллической Земле*
*Творя приливы и отливы.*
*Являя космогенный цикл*
*Периодичностью вращенья,*
*Она вершит порядком цифр*
*На календарных упрощеньях.*
*Она вращается в лазури*
*Энергетических пространств,*
*Навеяв чувственные бури*
*В метафизический контраст.*
*Она в духовном ареале*
*Космологических основ*
*Преображает зазеркалье*
*Энергетических миров.*
*Она — Вселенский генератор*
*Биоритмических частот,*
*Сакральный субкоординатор,*
*Творящий космогенный код.*
*Она — космический рефлектор*
*Универсальностью своей,*
*Неподражаемый прожектор*
*Теологических вещей.*
*Ортодоксальных мудрецов*
*Она влекла необычайно,*
*Но вдохновенное лицо*
*Осталось мирозданной тайной.*

*Она — светильник для идущих,*
*Для страждущих — печаль души,*
*И для иллюзией живущих —*
*Стезя космических вершин.*
*Все помнит в многоликом мире*
*Преображенностью своей,*
*Плывя в Божественном эфире*
*Благоговением идей.*
Ты демонически вершишь
Ошеломительностью мысли,
Которой действенно творишь
Всесилье жизненного смысла.
Хоть Мироздание старо,
Духовность мудростью прольется...

**Дьявол:**
Творить священное добро
Созданию не удается!
Ты хочешь выяснить подробно
У генетических рядов,
Как создается бесподобно
Формирование родов?
Желаешь говорить о главном,
Усвоив жизненный урок,
Бытуя разумом бесславным
Как диалектики знаток.
Финальным созиданьем рода
Закончив мирозданный курс,
Являет в гениях природа
Космологический ресурс.
Системою преображенья
Гомологических рядов

Он не имеет продолженья
Произведения родов.

*Праведник:*
В контрастном Бытии
                       обильно
Является духовный рост…

*Дьявол:*
Высокоразвитое сильно
Грядет количество потомств.
Универсальностью развитий
Бытует Разум на челе
Формирования событий
На многоплановой Земле.
Не только разноличьем расы
Мир воздвигает рубежи,
Но и делением на классы
Произрастает эта жизнь.

*Праведник:*
Универсальность изометрий
Преображается сперва…

*Дьявол:*
Энергоформа асимметрий
Приемлема для Естества.
Земля творит неординарность
Контрастов мирозданных лет,
Пока присутствует полярность
Биологических гамет.

*Праведник:*
В космическом потенциале
Бог каждому вручил удел
В геоструктурном ареале
С универсальным спектром дел.
Любая сущность будет в паре
Благословенною судьбой.

*Дьявол:*
Где во вселенском кулуаре
Преобладает разнобой.
Все многопланово являют
Критериальность перемен,
Где Бытие отождествляет
Взаимовыгодный обмен.

*Праведник:*
Бог Мироздание явил
Многообразьем вдохновенья
И гармонично сотворил
Энергетические звенья.
Животворящее мгновенье —
Благословением венца,
Когда Вселенское Творенье
Возносит светлого Творца.

*Дьявол*
*(про себя):*
Переосмысливает четко
Организацию момента
Дифракционная решетка
Логического интеллекта.

*(вслух):*
*Стараясь избежать погрешность*
*И осознание извлечь,*
*Сперва оценивают внешность,*
*А после — обсуждают речь!*
*Твой труд*
        *чрезмерно монотонный,*
*Который глупостью звучит,*
*Ведь бесполезен бег синхронный*
*По эллипсоидам орбит.*
*Все в Мирозданьи неизменно,*
*Но таинствами жизни всей*
*Ты овладеешь с переменой*
*Энергетических полей.*
*Психологическое бремя*
*Дает ответственный урок,*
*Ведь все работают на время,*
*Которое являет прок.*

**П р а в е д н и к :**
*Жизнь зародилась во Вселенной*
*На сформированной Земле,*
*Чтобы стезею вдохновенной*
*Творить сознаньем на челе.*
*Но только люди расселились*
*По миру, тайнами веков*
*Творец явил большую хитрость*
*С разломами материков.*
*Благословением морали*
*Создал универсальный шифр,*
*Чтобы народы продолжали*
*Свой эволюционный цикл.*
*Духовной силой созиданья*

Творя земной потенциал,
Преображением познанья
Он их сознанье изощрял.
Затем, из побуждений вечных,
Контрастами Вселенских мер
Он сотворил им свод наречий,
Культурных обликов и вер.
Величьем жизненной науки
Создал космический исход,
Чтоб через тернии и муки
Они несли духовный код,
И силою мировоззрений
Познав Творенья глубину,
В многообразьи единений
Все слилось в Истину одну.

Дьявол:
Хоть во Вселенной планомерно
Творится жизненный процесс,
Но по Земле неравномерно
Распределяется прогресс.
Все неуклонно проявляют
Разнообразие свое:
Одни — ракету запускают,
Другие — мастерят копье.
Тенденциями дисбаланса
Высокоразвитых натур
Не происходит резонанса
Среди космических культур.
Согласно с жизненным эффектом,
У каждого — своя стезя,
Ведь есть изъян у интеллекта,
Который упразднить нельзя.

*Все в Мироздании скудеет,*
*Являя жизненный резон,*
*Где сущность каждая имеет*
*Чувствительный диапазон.*
*Мир пребывает, очевидно,*
*В житейском оптимале проб,*
*Где звезды*
               *в микроскоп не видно,*
*Равно как атом — в телескоп.*
*Хоть ты творишь*
               *в священном чуде*
*Величие духовных дел,*
*Но это, безусловно, будет*
*Психологический предел.*
*Миротворящая реальность,*
*Внемля логическим делам,*
*Предпочитает визуальность*
*Всем акустическим волнам.*
*Решается потенциально*
*Технологический вопрос,*
*Коль скорость пропорциональна*
*Передвижению колес.*
*Обжив земные ареалы,*
*На протяженьи тысяч лет*
*Вы превращали Сверхначало*
*В миротворящий интеллект.*
*Многообразием раздоров*
*Является Вселенский слог*
*В противоборствах эгрегоров,*
*Которые придумал Бог.*
*Коль распыляется спесиво*
*Неосмотрительный субъект,*

*То многовекторные силы
Рождают нулевой эффект.
Вам в Мирозданьи безупречно
Определение дано,
Где отражение извечно
Первоисточнику равно.
Стезей универсальных знаков
Бытует множество существ,
Ведь мир совсем не одинаков
В биопропорциях веществ.*
Потенциалом созиданья
Взрастает многоликий свет,
И в кулуарах Мирозданья
Определений четких нет.
Мои слова духовно вещи,
Ведь изощряя фактом речь,
Все об одной и той же вещи
Способны разное изречь.
Ты мне уже твердил однажды
Благонамеренную мысль,
Что в сущности
              духовной каждой
Заложен мирозданный смысл.

### *П р а в е д н и к :*

Господь Вселенское Творенье
Целенаправленно создал,
Чтобы всесильем достижений
Возрос сферический кристалл,
И животворное светило
Поставил озарять эфир,
Чтобы космическая сила
Преображала этот мир.

Функциональностью систем
Творятся преобразованья,
Круговоротами проблем,
Стезей переформированья.
Так мы от Бытия земного,
Как опресненная вода,
Уходим в небо, чтобы снова
Душою приходить сюда.
Нас в новое вселяя тело,
Господь велит духовно жить,
Творя осмысленное дело,
И светлой верой дорожить.

*Дьявол*
*(про себя):*

Как быстро ты нашел ответ
На изощренные вопросы,
Ведь все — духовные колоссы,
Преображающие свет.
Ты с верою ступаешь дальше,
Лихой порочности взрез…

*(вслух):*

Интерпретациями фальши
Струится музыка небес.
Она лавирует игриво
Преображением ночей,
Но с виду яблоко красиво,
Хотя внутри гнездится червь.
Ты утверждается на свете —
Ортодоксальности сродни,
Когда душа — эфирный ветер,
Листающий земные дни.

Грехи постылые плотские
Вас не покинут никогда,
Хоть их последствия лихие
Смывает чистая вода.
Она везде незаменима,
Питая жизненный удел,
Текуча, легкоразделима
Преображениями тел.
Многообразьем Естества
Творит космические схемы,
Соединяя вещества
Метафизической системы.
Универсальным созиданьем
Энергоинформационных норм
Преобладает в Мирозданьи
Разнообразьем жизнеформ.
Она седыми льдами стынет,
Парит, а в состояньи талом
Бытует жизненно в пустыне,
Уничтожает жутким шквалом.
Она — природная основа
Биологических веществ
Организацией живого
Формирования существ.
Она — космический астрал,
Полиструктурностью материй
Хранящий сверхпотенциал
Неисчерпаемых энергий.
Она — целительный родник,
Космологический глагол,
Универсальный проводник
Физических энерговолн.
Она — земной катализатор,

*Обитель множества существ,
Полиструктурный стимулятор
Энергетических веществ.
Она витально составляет
На семьдесят процентов вас
И планомерно обновляет
Кислотно-щелочной баланс.
Она — реликтовый фрактал
Духовной силы космогенной,
Магический потенциал
Формирования Вселенной.*

### Праведник:

Причем кристальная вода
К порокам на сией планете?

### Дьявол:

Универсальная среда
Незамедлительно ответит!
*Смывает ведь вода всю кровь
И результаты преступлений,
Неудержимостью течений
Являя жизненную новь.
Она прозрачна и чиста,
И динамическим потоком
Все ставит на свои места
С космологическим истоком.
Переполняя Бытие,
Прообразы воспроизводит,
И отражение свое
В ней сущность каждая находит.
Так жизнь проносится, слегка
Меняя контуры наброска,*

*Преобразуя в старика
Неугомонного подростка.
Но коль дополнить этот сказ,
То благодатью посвященья
Водою обливают вас,
Являя таинство крещенья.
Теологически сложилось,
Что вещий ритуальный лад
Кунает несмышленых в жидкость,
Как глупеньких слепых котят.
Ведь так вершится на планете
Через духовный высший сан,
Чтоб человек обрядом этим
Привит был верой к небесам.
Вы побираетесь в мирах,
Ища, безумно ошибаясь,
Глодая кости на пирах
И благодарно улыбаясь.
Но сколько Бога ни зовите
Святой молитвою своей —
Вы все отверженно стоите
У райских запертых дверей.
Яви спасительную мысль,
Ведь есть же до рассвета время
Закончить низменную жизнь,
Отвергнув праведное бремя.*

### Праведник:

Ты у бессмертия души,
Как возле неприступной Трои,
Поставил пагубность. Греши!
Но я вовеки не открою.
Безумьем низвергался Рим,

Зачатый от благих истоков,
Который ханжеством лихим
Рождал бесчисленность пороков.
Являя злобную природу,
Творишь греховные пути,
Но ведь в одну и ту же воду
Уже вторично не войти.
Ты создал целостность теорий
Всесильем пагубных идей,
Чтоб чередою аллегорий
Пленять сознание людей.
Неугомонностью азарта
В тебе неистовость сама,
Припомни,
         как ты Бонапарта
Свел на баталиях с ума.
Грозясь отдать ему весь мир,
Сулил большие перемены,
Но ведь закончил жизнь кумир
На острове Святой Елены!
Иуда, также и Пилат,
Которые продали души,
Являя пагубный разлад
Деяньем, рвущимся наружу.
И лишь Калигула тебя
Изысканно принять решился,
За что заслуженно лишился
Всего, сознание губя.
В контрастно-жизненной дилемме
Ты опорочил этот свет:
От искушения в Эдеме —
До всех Иудиных монет.

Но как коварно ни старался
Грехопадением лихим,
Так Иисус и не поддался
Всем ухищрениям твоим.
Вот так ты жаждешь и меня
Сегодня обмануть лукаво,
Ведя Троянского коня
К порогам
          благородных нравов.
Однако, вспоминаю я,
Как в первый раз ты появился…

     *(про себя)*

Бывает ласковой змея,
Хоть яд в ней тайно сохранился.

     *(вслух):*

Но, несомненно, не всегда
Преобладает грех веками.

     ***Дьявол***
     *(про себя):*

Неутомимая вода
Подтачивает твердый камень.

     *(вслух):*

Проникновенностью своей
Вторишь Божественному тону…

     ***Праведник***
     *(про себя):*

Возник сюжет, когда Персей
Убил коварную Горгону.

*Дьявол:*

Всему определяют меру,
Ведь поучения гласят,
Что яство сладкое, к примеру,
Порой становится, как яд.
Сперва все новизной сияет
В насыщенный мечтами час,
Но вскоре так надоедает,
Ничтожа монотонно вас.
Контрасты — чувствами налиты,
Дают спасительную мысль.
Возненавидишь ты молитвы,
Когда они утратят смысл.
Иллюзии все, несомненно,
Исчезнут благодатно вмиг.

*Праведник:*

Душа прозрением блаженным
Явила сонмы дел святых.
Ты хитроумным искушеньем
Переиначиваешь свет.

*Дьявол:*

В гипотетических решеньях
Ограничений жестких нет.
Ведь Правда —
          ипостась Добра,
Творящая Вселенским смыслом,
Когда придет ее пора
В греховных кулуарах жизни.
Ты рассуждаешь так умело,
Как будто в мире понял все,

Но стоит ли ускорить дело,
Изобретая колесо?

*(про себя):*

Бывает, что в лихом кураже
Глядя на мирозданный цикл,
Один глупец суть жизни скажет
Так, как не смогут мудрецы.

**Праведник:**

Являя жизненный контраст
На вечном мирозданном фоне,
Тебе Господь вовек не даст
Все разукрасить в злобном тоне.
Повергнуть сатанинской славой
Благонамеренность основ
Не сможешь ты, меняя нравы
Неустоявшихся умов.

**Дьявол:**

*Не торопись сейчас умело
Бежать сознанием вперед,
Стезей духовного удела
Являя праведный подход.
Логической взаимосвязью
Творя красноречивый тон,
Владеешь смысловою вязью,
Как Демосфен или Платон.
Лихие пагубные ноты
Основывались на крови,
Когда творили эшафоты
Преображением любви.
Величьем жизненного смысла,*

*Который ревностно явил,
Тебе на зло не хватит мысли,
А на добро — духовных сил.
Миротворенье показало
Логический потенциал,
Когда Вселенское Начало
Инициирует Финал.
Верша созданье неумело
Своим бессмысленным трудом,
Сначала сделаете дело,
А думаете лишь потом.
Пренебрежение заставит
Осмыслить жизненный уклад:
Чем больше благ судьба подарит,
Тем меньше ими дорожат.
Благонамеренные нравы
Вам не помогут никогда,
Ведь вы все однозначно равны
За очертаньем — «навсегда».
Мобилизуя импульсивно
Потенциал духовный свой,
Вы унизительно бессильны
Пред чертою роковой.
Потусторонняя астральность —
Стезя фантазии пустой,
Коль мирозданная реальность
Всегда расходится с мечтой!
Могуществом потенциала
Вселенской жизненной поры
Есть уникальные порталы
В потусторонние миры.
Там облик зла неумолимый,*

*Являющий всевластный плен,
Лихой коварностью хранимый,
Творящий пагубность измен.
Там демонической купелью
Взращен грехотворящий сад
И смертоносною капелью
Лихие алтари кровят.
Там воплощение знамений,
Что грезились вам на земле,
И беснованья привидений
Испепеляются во мгле.
Там жуткие оковы страха,
Где в виртуальном полусне
Ютятся териконы праха
В проникновенной тишине.
Там изощренность Мирозданья,
Где сущность жизненных основ
Божественного созиданья
Затеряна в глуши веков.
Там вакханалия разврата
Неутомимостью своей,
Где правит яростное злато
Корыстолюбием людей.
Там воцарение исчадья
Разбесновавшихся теней
И всемогуществом проклятья —
Пыланье жертвенных огней.
В потусторонней круговерти,
Где сумрак поглощает свет,
Раскатами тщеславной смерти
Хохочет ярость сонмы лет.
Там эфемерность воспаряет*

*У демонической межи,
Где упоенно расцветает
Иллюзия коварной лжи.
Там быль встречает небыль мира
И грезы пролетевших лет
Мелькают в красоте эфира
Преображением комет.*

### Праведник:

Твой мир — сюжеты преисподней,
Где праведности не найдешь.

### *(про себя):*

Ты опрометчив, знать, сегодня
В свою ловушку попадешь!

### Дьявол:

Здесь существует фактор сил,
Который ты не замечаешь,
Пока не укротило пыл
То, чем ты душу наполняешь.
Лишь опустившийся глупец,
Отвергнув счастье дармовое,
Глядит, как низменный истец,
На отражение кривое.
Всевластием греховной ночи
В тебе неистовость жила.

### Праведник:

Навеки сгинул мир порочный,
Где суть обманчивой была!
Живущие тщеславным слогом,
Разнообразною судьбой,

Мы виноваты перед Богом
Своей натурою лихой.
Бессильны яростные князи,
Когда я пожелаю сам
Подняться из греховной грязи
К благословенным небесам,
Где величавостью сознанья,
Духовностью развития
Постигну тайны Мирозданья
В могуществе события.
А вероломное стремленье
Преобразить земной удел
Является стезей растленья
Немыслимо порочных тел.
Ты изощряешься искусно
У благонравственной межи
Ничтожить искренние чувства
Интерпретациями лжи.
Твоя коварная отрада —
Изобличать вселенский прах,
Но Правда — явная преграда
Во злонамеренных делах!

   *Дьявол*
  (*про себя*):
У этой жизни, как обычно,
Грядет трагический конец:
Когда закончится добыча,
То исчезает и ловец.

   (*вслух*):
Друг друга люди презирают
За то, что им не повезло.

Добро все быстро забывают,
Являя пагубное зло.

*Праведник:*

В контрастном мире, безусловно,
Величьем подвигов святых,
Чем будет человек духовней,
Тем меньше жаждет
           благ земных!

*Дьявол:*

Ведешь беседу ты умело,
Но с выводом не торопись,
Ведь пред желаниями тела
Бессилен благородства писк.
Когда сгорает плоть во страсти
Неутомимостью измен,
Душа уж не имеет власти
Над чередою перемен.
Она — преображенье мыслей
В святой иллюзии ума.

*Праведник:*

Но вольна разрешать сама
Дилемму жизненного смысла.
Ты возглашаешь сонм апорий
Обилием лихих грехов.

*Дьявол:*

Где каждый в изощренном споре
Увидеть истину готов.
Сей мир в универсальной вязи,
Когда не понимаешь сам,

Где путь к земной порочной грязи,
А где — дорога к небесам!

*Праведник:*

Неподражаемый советчик —
Интуитивное чутье,
Как основательный ответчик
И провидение мое.
Оно всецело поощряет
Благословенное добро
И повсеместно обличает
Грехотворящее нутро.
Оно ведет меня дорогой
Высоконравственных идей
К Вселенской благодати Бога
Священной верою своей.
Оно духовностью решит,
Какому внять сегодня делу.

*Дьявол:*

Чем тягостней живется телу,
Тем радостнее взлет души?
Хоть мирозданное величье
Сомнению не подлежит…

*Праведник:*

Ты со сценическим двуличьем
Уничтожаешь силой лжи.

*Дьявол:*

Пока я ревностно судачу
О жизни с первозданных пор,
Весы Фемиды, на удачу,
Решили мысленный раздор!

Гляди, как чаша-то с грехами
В плеядах беспросветных лет
Земными алчными верхами
Насытила порочный свет!
Сей мир, духовным ареалом
Являя злобное лицо,
Стал пагубным потенциалом
Для проходимцев и лжецов.
Они заведомо узнали,
Что прежде совести есть страсть,
И души низменно продали,
Насытившись пороком всласть.
Отвергнув светлые морали,
Слагая грехотворный сказ,
Уничтожающе попрали
Господний ревностный наказ.

### *Праведник:*

Твоя порочная услуга
Нуждается в греховной правке?

### *Дьявол*
*(про себя):*

Железо чрезвычайно туго,
Но поддается переплавке!

*(вслух):*

Являет светлую природу
Божественный Вселенский сан.

*(про себя):*

Деревья пьют из почвы воду,
Но кроны тянут к небесам.

*(вслух):*

Всевышним созданные люди
Среди космической дали —
Соединенные сосуды
Неиссякаемой Земли.
Одни — богаты и коварны,
Другие — нищи и добры,
Непримиримы и полярны
Согласно правилам игры.
Многообразьем созиданья
Поделен жизненный процесс
На ложь и правду Мирозданья
Стезей божественных небес.
Как берег окаймлен прибоем
И перспективой — горизонт…

*Праведник:*

Ты меркнешь пред святым устоем,
Приемля жизненный резон.
Повсюду есть межи владений
Космического Бытия,
Где бесится коварной тенью
Лихая ненависть твоя.
Всевластие грехов не вечно,
И только воссияет свет,
Ты унесешься скоротечно
С плеядами сумбурных лет.
Уйдешь, чтоб
          сгинуть без возврата,
Явив фатальный эпилог,
И за тобой захлопнет врата
Твой демонический чертог.

Чтобы свободно всем дышалось,
Бог даст прозрение слепым,
Ведь ты сбежишь, посеяв хаос
И лжи миражно-едкий дым.
Но сила лучезарной мысли
Низвергнет скверную чуму…

**Дьявол**
*(про себя):*
Телесный облик явным смыслом
Так соответствует уму!

*(вслух):*
Закончит благостная манна
Дарить божественный исход
Преображением обмана,
Который прячет небосвод.
Когда приходит время смерти,
То с миром расставаться жаль!

*(глядит в окно):*
В пылу словесной круговерти
Зарею засияла даль!
Все в Мирозданьи переменно.
Ответь скорее, не молчи,
Ведь ты сегодня, несомненно,
Бесценный опыт получил!
Величием пути земного
Воспрянет благодать твоя.
Осталось времени немного,
И безвозвратно сгину я!

*Праведник:*

Как ты пугаешься Рассвета,
Увидев пагубный итог.
Коварен, лжив, — тебя за это
Низверг когда-то вечный Бог.
Но благоденствием сознанья
Я вырвусь из лихих оков,
Творя всесильем созиданья
Преображение основ,
Где наполняя Мирозданье
Всепобеждающей мечтой,
Я силой светлого деянья
Явлю божественный устой.
Ведь в Новом сказано Завете,
Что с возрождением святым
Воспрянет на сией планете
Добра миротворящий нимб.
Ну что же ты свой лик теряешь,
Проклятий извергая стон,
И скоротечно исчезаешь,
Как страшный полуночный сон?
Непримиримы Правды речи,
И Вера светлая моя,
Что воссияла безупречно
В преображеньи Бытия!
Настанет райское блаженство,
Когда предъявит Эпилог
Вселенских Истин Совершенство —
Творящий
        всемогущий Бог.

Он — жизнедейственный свидетель
Крушенья пагубных идей,
Когда Любовь и Добродетель
Откроют очи у людей.
А демонические чары
Претерпят неизбежный крах,
И возвестят часов удары
Перерождение в мирах,
Где огласят веков плеяды
Всесильем светлого Числа
Победу всемогущей Правды
Над силами земного зла!

WWW.SVAROG.NL

www.ingramcontent.com/pod-product-compliance
Lightning Source LLC
Chambersburg PA
CBHW042357070526
44585CB00029B/2972